『日本』って、どんな国？

初の【日本語作文コンクール】世界大会

54カ国・地域の5,141人が応募

《小学生から58歳の社会人、盲学生も》

101人の「入賞作文」

◆海外の大学生――55人　◆留学生――24人

◆海外の社会人・高校生・小学生・日本語学校生――22人

大森和夫・大森弘子（国際交流研究所）編著

日本僑報社

目次

「世界の日本語学習者」対象の【日本語作文コンクール】

応募状況

《応募総数＝「54カ国・地域から5,141編」》

（「日本語作文」が送られてきた「54 カ国・地域」に●を付けた世界地図）

――「応募数」の内訳――

一部・「海外の大学生」（49カ国・地域の263大学）　＝**2,126編**

一部・「留学生」（126大学から48カ国・地域の留学生）　＝**1,195編**

二部・「海外の高中小生、社会人、日本語学校生」　＝**455編**

（うち、社会人・387編＝日本在住を含む）

二部・「日本の日本語学校生」（131校）　＝**1,365編**

（注・日本語学校は、個人・地域の日本語教室を含む）

○国別では、国際交流研究所とこれまで交流のあった中国が最も多く、約**2,300編**（全体の約45％）。韓国、インドネシア、タイ、台湾、カンボジア、オーストラリア、モンゴル、ニュージーランド、ロシア、ネパール、ブラジルから各約**400編**～約**100編**。ヨーロッパ、アフリカを含む6大州の応募の国・地域名は次頁）

○「応募作文」の送付は、「メールの添付」（3,413編）と、「郵送」（1,728編）。

○全体の約4分の3が「個人の応募」。約4分の1は学校・教室単位。

郵送された1,728編のうち、海外から「705編」

海外から郵送された「705編」の一部

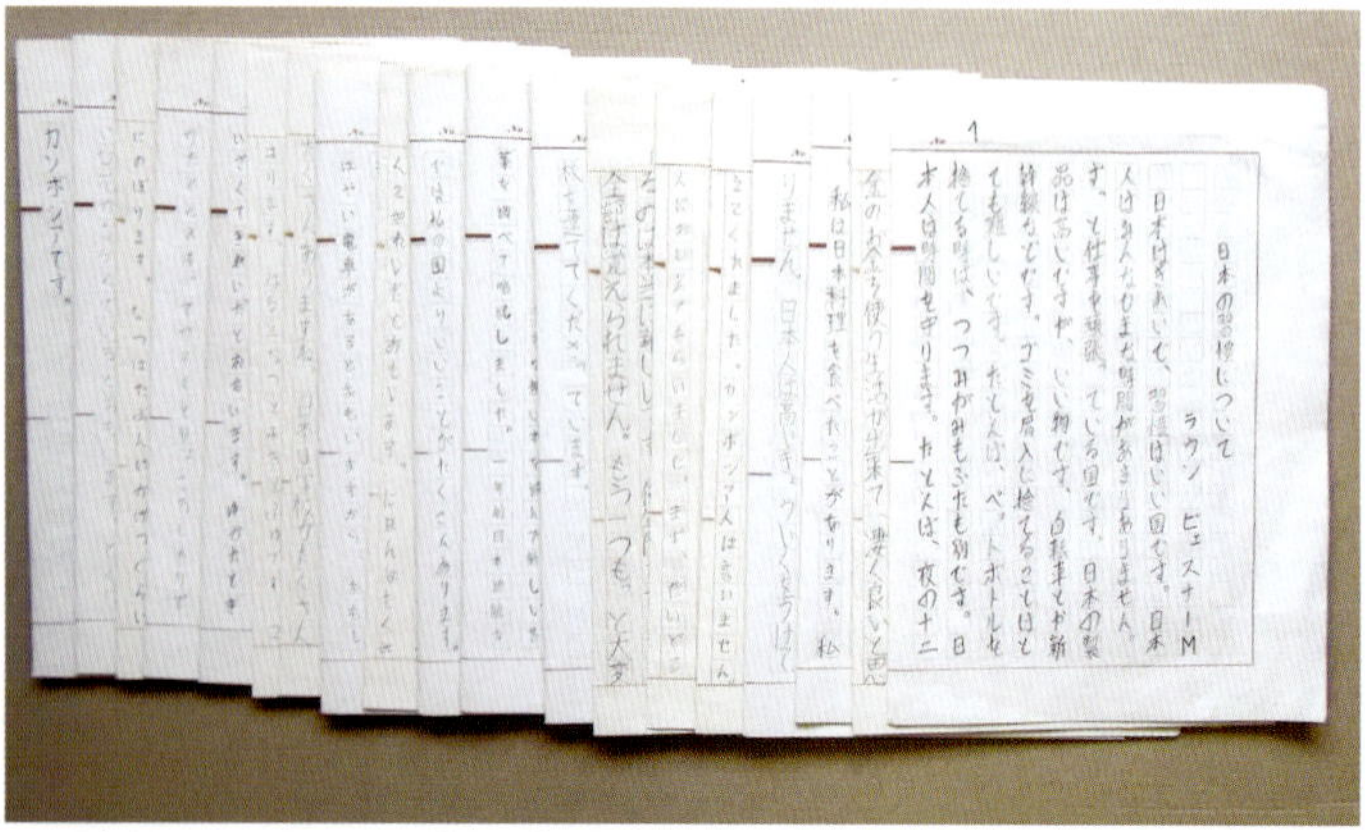

カンボジア・シェムリアップ州の「国際日本文化学園一二三日本語教室」からの19編

「入賞者」の氏名（敬称略）と写真

《氏名、学校名などの表記は、「作文」による》

一等賞・3人

1・一部（海外の大学生） インド＝**シュレヤ・デイウェ**（女。20歳）プネ大学。

2・一部（留学生） 中国＝**王志博**（男。25歳）宇都宮大学。

3・二部（社会人ら） ベトナム＝**ドン・フン・タオ**（女。27歳）

1　シュレヤ・デイウェ

2　王志博

3　ドン・フン・タオ

二等賞・10人

1・スーダン＝**バスマラ・モンタスィル**（女。20歳）ハルツーム大学。

2・ハンガリー＝**ブクタ・ユスティナ**（女。24歳）
カーロリ・ガーシュパール大学大学院。

3・中国＝**宋啓超**（男。22歳）吉林大学。

4・チリ＝**ポーレット・ドール**（女。19歳）チリ大学。

5・オーストラリア＝**メリッサ・パーク**（女。18歳）
ニューサウスウェールズ大学。

6・イタリア＝**アリアンナ・マルティネッリ**（女。21歳）サピエンツァ大学。

7・モルドバ＝**バリウリン・アンナ**（女。20歳）ロシア国立大学。

8・イギリス＝**ローレンス・ミラー**（男。25歳）リーズ大学大学院。

9・ウクライナ＝**ヴォロシナ・タチヤーナ**（女。32歳）社会人。

10・ネパール＝**オゲン・サンガン**（男。23歳）
ゴレスアカデミー日本文化経済学院。

《二等賞・受賞者の写真。番号順》

三等賞・30人

【海外の大学生】

1・中国＝**魏厚静**（女。25歳）西南交通大学大学院。

2・中国＝**薄　鋒**（男。21歳）大連外国語大学。

3・中国＝**王宏斌**（男。20歳）北京第二外国語学院。

4・中国＝**张滢颖**（女。20歳）蘇州大学。

5・韓国＝**イ・ジュヒョン**（男。21歳）ハンバット大学。

6・ロシア＝**マリュータ・アレクサンドラ**（女。21歳）リャザン国立大学。

7・イタリア＝**ニコール・フェッラリオ**（女。22歳）
カ・フォスカリ大学大学院。

8・コスタリカ＝**ルーツ・マリア・ハゼス・ファヤス**（女。24歳）
コスタリカ大学。

9・ルーマニア＝**リビウ・ブレニク**（男。22歳）ブカレスト大学。

10・チェコ＝**ヤクブ・ヴェンツル**（男。25歳）パラツキー大学。

11・アメリカ＝**ジェンセン・ロー**（男。21歳）プリンストン大学。

12・エジプト＝**ヤスミーン・ザカリーヤ・ムハンマド**（女。22歳）カイロ大学。

13・カンボジア＝**オルン・チャンポン**（女。24歳）プノンペン大学。

14・コロンビア＝**ジョン・ハイロ・テズ・モンテネグロ**（男。25歳）カウカ大学。

【留学生】

15・中国＝**李　丹**（女。41歳）創価大学大学院。

16・中国＝**呉朗静**（女。30歳）首都大学東京大学院。

17・中国＝**張淑婷**（女。25歳）関西大学大学院。

18・中国＝**何　旭**（男。23歳）早稲田大学大学院。

19・中国＝**徐　佩**（女。21歳）高知大学。

20・台湾＝**支元辰**（女。28歳）関西大学大学院。

21・韓国＝**鄭敬珍**（女。40歳）法政大学大学院。

22・韓国＝**ジョン・ハンモ**（男。29歳）京都大学大学院。

23・ベトナム＝**ディン・ティ・トゥ・ホアイ**（女。26歳）佐賀大学大学院。

24・ベナン＝**ドウニョン・ゴッドフリッド・チョトンノボ**（男。27歳）京都大学大学院。

25・モンゴル＝**サロル・ボロルマー**（女。30歳）東京外国語大学大学院。

26・ロシア＝**コマロフ・ミハイル**（男。22歳）創価大学。

【海外の社会人。小・中・高校生。日本語学校生ら】

27・エジプト＝**ハディール・ファテヒ・アブドアーラア**（女。23歳）社会人。

28・アゼルバイジャン＝**イルヤソワ・ヒマハニム**（女。23歳）社会人。

29・モンゴル＝**オダヴァル・ゾルザヤ**（女。23歳）ゴレスアカデミー日本文化経済学院。

30・ニュージーランド＝**エディー・ウー**（男。17歳）オークランド・インタナショナル・カレッジ。

《三等賞・受賞者の写真。国別。氏名の番号順》

1

2

3

4

5

6

7

8

9

10

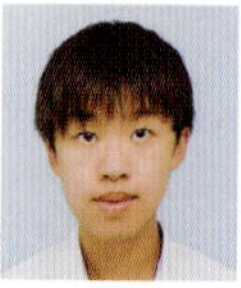
11

12

13

14

15

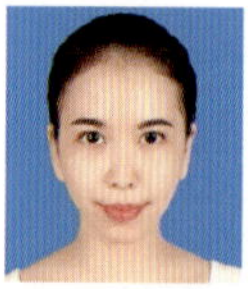
16

17

18

19

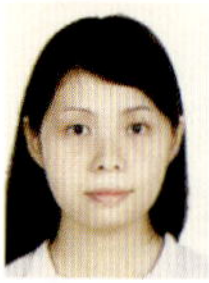
20

21

22

23

24

25

26

27

28

29

30

努力賞・57人 《受賞者の顔写真は作文の頁》

【海外の大学生】

・中国＝**陳璐璐**（女。23歳）南京大学大学院。　**胡彦峰**（女。25歳）黒龍江大学。
呂芸雅（女。21歳）西北大学。　**畢玉婷**（女。20歳）遼寧師範大学。
劉　超（女。23歳）天津工業大学大学院。　**紀　元**（男。21歳）東華大学。
郝文文（女。21歳）河南科技大学。　**霍雨佳**（女。20歳）海南師範大学。
陳羽萌（女。21歳）大連海事大学。　**顧淋淋**（女。21歳）大連工業大学。
丁　力（男。20歳）蘇州科技大学。　**陳柯君**（女。18歳）山西大学。
胡　琴（女。23歳）北京第二外国語学院大学院。
林兆歓（男。21歳）広州城市職業学院。　**楊　丹**（女。21歳）湖北民族学院。

・タイ＝**ササナンチュンキーリー**（女。18歳）ラムカムヘン大学。
ノッパスィット・ウォンスィリ（男。21歳）ウボンラチャタニ大学。

・フランス＝**ヤン・マモノフ**（男。27歳）ストラスブール大学。
ヒンスベージェー・クロエ（女。18歳）ストラスブール大学。

・台湾＝**陳佳旻**（女。22歳）輔仁大学。

・オーストラリア＝**インイン・ウ**（女。19歳）ニューサウスウェールズ大学。

・ルーマニア＝**マリア・カメリア・ニッツァ**（女。20歳）バベシュ・ボリアル大学。

・カザフスタン＝**バウベククズ・ジャンサヤ**（女。23歳）カザフ国立大学。

・モンゴル＝**エルデネオチル・サンチル・オヤー**（女。19歳）モンゴル国立大学。

・スウェーデン＝**アイサク・オデン**（男。20歳）ヨーテブリ大学。

・ウクライナ＝**シェフチェンコ・ヴァレリヤ**（女。24歳）キエフ国立言語大学。

・トルコ＝**ヤーズ・アルプ・オクル**（男。26歳）エルジェス大学。

・ロシア＝**ボルトネーブスカヤ・ユーリャ**（女。20歳）イルクーツク国立大学。

・インドネシア＝**マリア・フロレッタ**（女。21歳）ブラウィジャヤ大学。

・スリランカ＝**アエーシャー・ダルマシリ**（女。22歳）ケラニヤ大学。

・ウルグアイ＝**クリスティアン・グティエレス**（男。21歳）ウルグアイ共和国大学。

【留学生】

・中国＝**孫青柔**（女。22歳）東京大学大学院。　**劉天琦**（女。20歳）山口大学。
廖韋娜（女。23歳）九州大学大学院。　**顔夢達**（男。21歳）熊本大学。

任偉溱（男。19歳）一橋大学。　　　　　曹馨文（女。20歳）群馬大学。

・台湾＝張意均（男。21歳）同志社大学。　　　諶芷萱（女。20歳）早稲田大学。

・韓国＝朴起範（男。35歳）関西大学大学院。

・カンボジア＝チャエム・ソンレン（男。22歳）。宇都宮大学。

・インドネシア＝レブヤン・マギストラ・ユリスティラ（男。23歳）東北大学。

【海外の社会人。小・中・高校生。日本語学校生ら】

・中国＝郭凡辰（女。17歳）甘泉外国語中学。

袁思懿（女。17歳）長春日章学園高中。

・モンゴル＝E・チョローンチメグ（女。26歳）社会人。

・インドネシア＝サラ・ラティファ（女。28歳）社会人。

ガルダ・アルジャミウス・ショヒ（男。26歳）東京国際交流学院。

・ベトナム＝グエン・タォ・グエン（女。26歳）社会人。

・キルギス＝カパロワ・アルトゥナイ（女。22歳）社会人。

・ネパール＝ライ・シャラド（男。30歳）社会人（日本在住）。

・スペイン＝ガロ・ペレス・アルトゥロ（男。26歳）渋谷外語学院。

・タイ＝ダニット・ヴォラサラン（女。17歳）

アメリカン・パシフィック・インターナショナルスクール。

・リトアニア＝マタス・シュカーヌリス（男。17歳）ヨナス・バサナビチユス高校。

・ポーランド＝ドミニク・ゲジェレツキ（男。19歳）。ワルシャワ日本語学校。

・カンボジア＝ワット・ソムナン（男。17歳）国際日本文化学園一二三日本語教室。

・パラグアイ＝ボガド・クラウディア（女。11歳）日本パラグアイ学院。小学六年生。

・韓国＝キム・ジホ（男。11歳）。小学六年生。

特別賞・１人《巻頭11頁に写真と点字作文》

・タイ＝カンワン・スパヤーン（男。20歳）タマラートスクサースクール。

《「奨励賞」受賞校は、国際交流研究所HP http://www.nihonwosiru.jp/》

特別賞

タイ・チェンマイの高校生・カンワン・スパヤーン君（盲学生）

《「日本語（ローマ字入力）の点字作文」を、日本人教師が文字起こしをして応募》

タマラートスクサースクールの日本語クラスの学生と先生
（前列左から２人目がカンワン・スパヤーン君。「作文」は 230 頁）

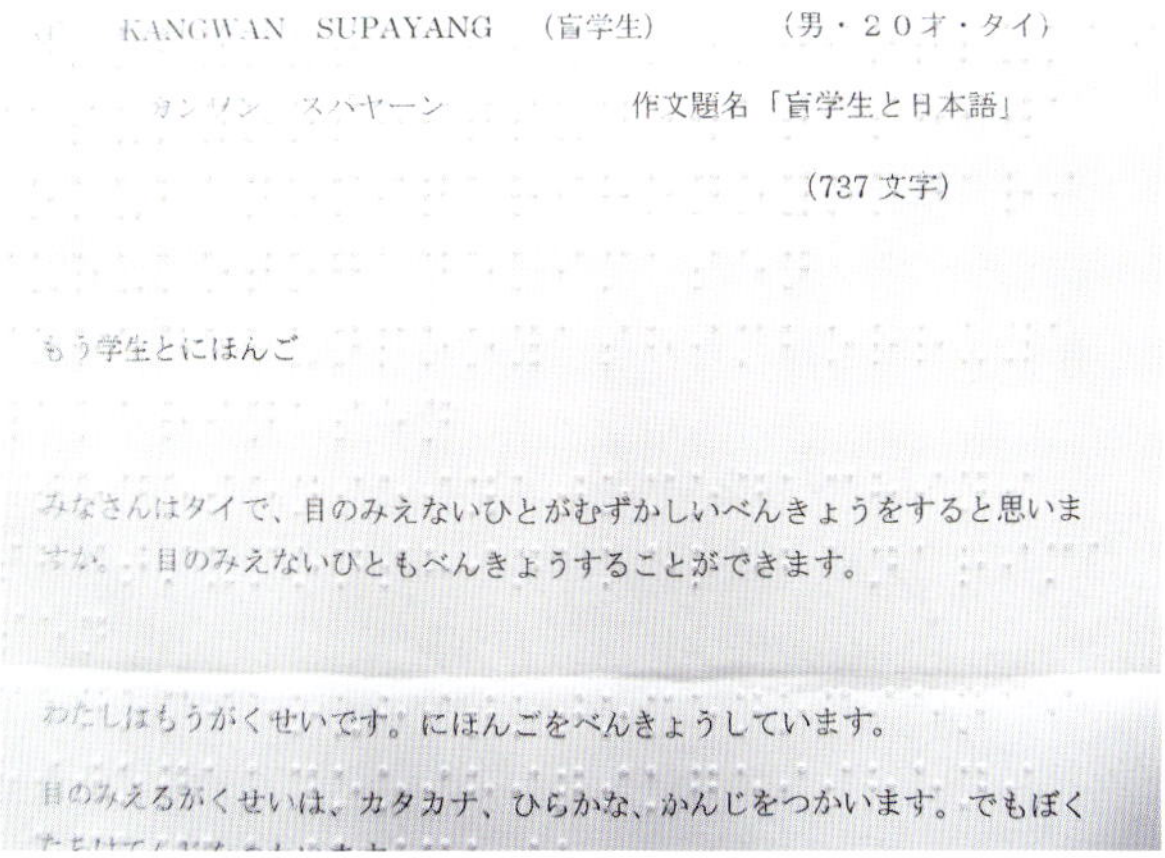

KANGWAN SUPAYANG （盲学生） （男・２０才・タイ）

カンワン スパヤーン 作文題名「盲学生と日本語」

（737 文字）

もう学生とにほんご

みなさんはタイで、目のみえないひとがむずかしいべんきょうをすると思いますか。 目のみえないひともべんきょうすることができます。

わたしはもうがくせいです。にほんごをべんきょうしています。

目のみえるがくせいは、カタカナ、ひらかな、かんじをつかいます。でもぼく

「日本語の点字作文」の上に、文字起こしをした日本語文字をプリントしたもの。

「日本語」を学ぶ「世界の若者たち」

《「世界の日本語学習者」を対象にした【日本語作文コンクール】への
応募を通して、教師、学生から「授業の写真」を送って頂きました》

ポーランド＝ワルシャワ日本語学校

スーダン＝ハルツーム大学

台湾＝輔仁大学

チェコ＝パラツキー大学

中国＝南京大学

日本の日本語学校＝ゴレスアカデミー日本文化経済学院（沖縄県）

ハンガリー＝カーロリ・ガーシュパール大学

スリランカ＝ケラニヤ大学

カンボジア＝
国際日本文化学園一二三日本語教室

トルコ＝エルジェス大学

イタリア＝カ・フォスカリ大学大学院日本語学科

中国＝大理大学（雲南省）

タイ＝アメリカン・パシフィック・インターナショナルスクール

アルゼンチン＝ラプラタ日本語学校

スウエーデン＝ヨーテブリ大学

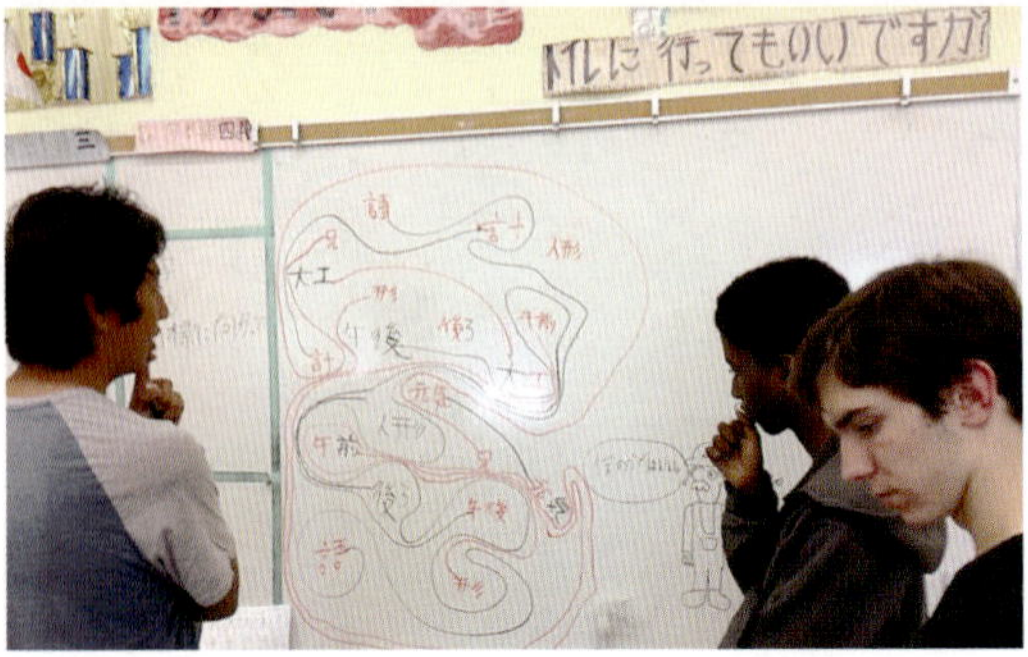

アメリカ＝レイカス高校（ロサンゼルス）

「作文」が送られてきた「五十四の国と地域」

アジア州

〈アジア大陸（ユーラシア大陸の一部）とその周辺〉

中国（香港特別行政区を含む）、韓国、台湾、インドネシア、インド、カンボジア、ベトナム、タイ、スリランカ、ネパール、キルギス、マレーシア、バングラディシュ、フィリピン、ロシア、モンゴル、カザフスタン、アゼルバイジャン、ウズベキスタン

（中東）トルコ、イラン、シリア、クウェート

ヨーロッパ州

〈ヨーロッパ大陸（ユーラシア大陸の一部）とその周辺〉

イタリア、スウェーデン、フランス、ポーランド、モルドバ、チェコ、イギリス、スペイン、ハンガリー、ブルガリア、ドイツ、ルーマニア、ベラルーシ、スロバキア、ウクライナ、リトアニア

オセアニア州

オーストラリア、ニュージーランド

北アメリカ州

アメリカ、コスタリカ

南アメリカ州

ブラジル、ウルグアイ、ペルー、パラグアイ、チリ、コロンビア、アルゼンチン

アフリカ州

エジプト、スーダン、ベナン、ガーナ

はじめに

各国での日本語熱の高まりと、「日本語の世界」の広がりを実感し、「日本再発見！」を味わった。――世界の日本語学習者が綴った「五千編を超える日本語作文」すべてに目を通した感想だ。「日本語作文」の一編一編には、多くの国・地域で「日本語」を学んでいる若者の、一人一人の「日本への熱い想い」が込められていた。

私どもが「世界で日本語を勉強している人たち」を対象に、初めての『日本語作文コンクール』の実施を思い立ったのは、二〇一六年十月だった。その一カ月前、「世界の日本語学習者」が、いつでも、誰でも、無料で、『日本語と日本事情』を勉強出来る「**デジタル版・日本語教材【『日本』という国】**」を、インターネットで公開した。「『これまでの日本』も、『今の日本』も分かる教材」を目指した。幸い、「**デジタル版・日本語教材**」への反響が大きく、改めて、「世界の日本語学習者」の日本語と日本への関心の高さを知った。

そこで、「世界で日本語を勉強している若者」が、『日本』という国や日本人を、どう見ているのか、どんな思いで「日本語学習」を頑張っているのか、を知りたいと思った。

今、「世界の日本語学習者」は、四百万人を上回っている、と言われている。

独立行政法人・国際交流基金が二〇一五年に行った調査では、百三十七の国・地域で三百六十九万人が日本語を学んでいる。この数字は、「日本語を教えている教育機関」の調査であり、テレビ・ラジオ・インターネットなどを利用して、独学で日本語を勉強している人は含まれていない。ほかに、日本にいる外国人留学生は既に二十万人を超えている。

そして、毎年、その何分の一は社会人になって、程度の差はあっても、日本語と関わっているのだから、「日本語の世界」はどんどん広がっている。

「世界の日本語学習者」は、一人一人が、日本にとって、各国の大切な〝民間大使〟だ。彼らに、「日本と日本人」について、広く知ってもらい、正しく理解してもらうことが、それぞれの国と日本の友好にとって極めて重要だ。日本語を学ぶ一人でも多くの外国の若者に〝日本のファン〟になってもらいたい、そんな思いで、私どもは、二十九年間、日本語交流活動を続けてきた。

そこで、「日本語を勉強している外国人」なら誰でも応募できる『日本語作文コンクール』の「実施」を決めた。「海外の大学生の一等賞は日本に招待する」、「入賞者に学習奨励金を出す」などの「賞品」の中身を決めながら、夫婦で「応募要項」の作成に取り掛かった。国際交流基金、外務省、文部科学省、朝日新聞社の「後援（名義のみ）」を頂戴し、二〇一六年十二月に、各国の大学（日本語学科）や日本語教師会・日本語教育関係者、国内の大学（留学生課など）、国内の日本語学校などへ、「応募要項」をメールで送ったり、郵送したりした。すべて、夫婦の手作業だ。

締め切り(今年四月十五日)までに、「五十四の国・地域から五千百四十一編」の作文が国際交流研究所に送られてきた。国際交流基金のサイトで、初めての『日本語作文コンクール』を告知してもらったり、各国の大学等で日本語を教えておられる多くの日本人の先生方に協力して頂いたことなどが、予想を超える多くの応募につながった。

「一次審査」は、私ども夫婦が行い、「出来るだけ多くの国・様々な学習環境・幅広い年代」から「いろいろなテーマを取り上げた作文」を選ぶように心掛けた。

「上位入賞候補・八十七編」について、川村恒明(元文化庁長官)、桑山皓子(日本語教師)、高媛(駒澤大学准教授)、谷川栄子(小笠原流礼法名古屋教室世話人)、野村彰男(元国連広報センター所長)、村島章恵(NHKディレクター)の六人に、「二次審査」をお願いした。二次審査員の採点の合計点を基準に、最終的な「順位」の決定を行った。

その際、入賞候補者全員(大学単位で応募の場合は、担当教師)にメールを出し、特に、「本人が書いた作文」であることの確認と、「教師や友人がどこまで手を入れたか」などの問い合わせを行い、合わせて、「顔写真」の送付(メールに添付)」の依頼をした。

私どもは、一九八九年から五回、「留学生を対象にした『日本語作文コンクール』」(応募総数・

三千百二十一編）、一九九三年から二〇一四年まで十六回、「中国の大学生を対象にした『日本語作文コンクール』」（応募総数・二万二千七百八十一編）を主催した。その時とほぼ同じ手順で、今回の「審査」を行った。

最も苦労したのは、今回は、応募の約四分の三が「個人の応募」で、その整理・集計や内容・データの「問い合わせ」に時間を要したことだった。「問い合わせ」は、「入賞候補作文」について、私どもが、「てにをは」の直しや内容の確認と、正確を期すための一部の直しを行ったので、そのことについての承諾を得るためでもあった。しかし、内容等の「問い合わせ」のメールを出しても返事がない場合があり、また、**プロバイダー**（@hotmailなど）によって、「問い合わせ」のメールが戻って来て、送信できない場合がかなりあり、結局、連絡が取れないまま、「審査」から除外した。特に、【PDF】や郵送による「作文」のうち、「メールによる問い合わせ」が出来なかったケースがかなりあった。

五千百四十一編の中から「一等賞」に決まったインドのシュレヤ・デイウェさん（二十歳。プネ大学）は、「問い合わせ」のメールにこう答えてくれた。

「作文」は誰にも直してもらいませんでした。私は「自分の能力で何ができるか」を見たかったのです。しかし、大森さんは私の作文をテーマに合わせて、少し、直してくださいました。ですから、私のほうから「大森さんに直してもらいました。」という答えになります。

「努力賞」を七人増やし、「特別賞」（タイの盲学生）、「奨励賞・十二校」を設けた。

《審査結果等については、国際交流研究所ＨＰ **http://www.nihonwosiru.jp/** に掲載》

◇タイ・ウボンラチャタニ大学日本語教師の運寿純平先生からメールで、「今回は学生の作文に対する効果的な動機づけにもなりました。このような素晴らしい、夢のようなコンクールを開催していただき、本当に感謝しております。そして、学生の一人の「入賞」を伝えると、「彼にとって絶対一生涯忘れない、とてつもない自信になると思います。その自信構築に協力できた我々教員もとてつもない力をいただきました。そして、この途方もない数の作文に、愛情を持ってお目を通された大森さんご夫妻には、陳腐なことばですが、ただ、ただ、ただ、ただ、ただ、感謝です」というメールが届いた。

◇盲学生・カンワン君の「特別賞」について、タマラートスクサースクール（タイ）の横山英輔先生から、「カンワン君と同じ環境の子ども達もどこかで日本語を勉強しています。彼らの励みになり本当に嬉しく思います」というメールを頂いた。

私どもは、二十九年間、夫婦で、「日本語交流活動」を続けてきたが、今回の『日本語作文コンクール』では、特に、各国の大学等で日本語を教えておられる多くの日本人の先生方に協力して頂いた。多くの関係者に心から感謝したい。

二〇一七年十月一日　大森和夫・大森弘子

入賞作文のテーマと頁

【一等賞】 3 編

「自信をくれた私の宝『日本』」

（海外の大学生）インド＝シュレヤ・デイウェ（女。プネ大学） 30-31

「『一平方㍍』のトイレは日本の縮図」

（留学生）中国＝王 志博（男。宇都宮大学） 32-33

「世界一正直な国」

（社会人）ベトナム＝ドン・フン・タオ（女。日本在住） 34-35

【二等賞】 10 編

「BOKURA（僕ら）の明日」

スーダン＝バスマラ・モンタスィル（女。ハルツーム大学） 36-37

「独特の『色鮮やかな国』」

ハンガリー＝ブクタ・ユスティナ（女。カーロリ・ガーシュパール大学大学院） 38-39

「『人を思いやる』心」 中国＝宋 啓超（男。吉林大学） 40-41

「『夢』を叶えてくれた『日本』」

チリ＝ポーレット・ドール（女。チリ大学） 42-43

「『金継ぎ（きんつぎ）』の国」

オーストラリア＝メリッサ・パーク（女。ニューサウスウェールズ大学） 44-45

「『完璧さ』を具現する国」

イタリア＝アリアンナ・マルティネッリ（女。サピエンツァ大学） 46-47

「世界に誇れる『集団尊重主義』」

モルドバ＝バリウリン・アンナ（女。ロシア国立大学） 48-49

「『残業』に支えられた日本社会」

イギリス＝ローレンス・ミラー（男。リーズ大学大学院） 50-51

「胸を打たれた『空港の光景』」

ウクライナ＝ヴォロシナ・タチヤーナ（女。社会人） 52-53

「身に付けたい！『気くばり』」

ネパール＝オゲン・サンガン（男。日本・ゴレスアカデミー日本文化経済学院） 54-55

【三等賞】 30 編

―【海外の大学生】―

「孤独な日本人」
ロシア＝マリュータ・アレクサンドラ（女。リャザン国立大学） 56-57
「日本人の『冷たさ』」 中国＝张 滢颖（女。蘇州大学） 58-59
「『日本語』を諦めなくて。良かった！」
カンボジア＝オルン・チャンポン（女。プノンペン大学） 60-61
「『匠の精神』を求めたい！」 中国＝薄 鋒（男。大連外国語大学） 62-63
「『四つの日本』に感動！」
エジプト＝ヤスミーン・ザカリーヤ・ムハンマド（女。カイロ大学） 64-65
「四国・八十八ヶ所巡り」
アメリカ＝ジェンセン・ロー（男。プリンストン大学） 66-67
「見習いたい『日本の平和憲法』」
韓国＝イ・ジュヒョン（男。ハンバット大学） 68-69
「『衣』のような『繊細な国』」
イタリア＝ニコール・フェッラリオ（女。カ・フォスカリ大学大学院） 70-71
「好きになれない『集団行動』」
コスタリカ＝ルーツ・マリア・ハゼス・ファヤス（女。コスタリカ大学） 72-73
「アニメは日本文化の『小さい窓』」
コロンビア＝ジョン・ハイロ・テズ・モンテネグロ（男。カウカ大学） 74-75
「様々なことを学んだ『素晴らしい国』」
ルーマニア＝リビウ・ブレニク（男。ブカレスト大学） 76-77
「憧れ、恐怖、そして『貴重な国』」
チェコ＝ヤクブ・ヴェンツル（男。パラツキー大学） 78-79
「大切な『人と人の距離』」 中国＝魏 厚静（女。西南交通大学大学院） 80-81
「『和歌』のある大好きな『日本』」 中国＝王 宏斌（男。北京第二外国語学院） 82-83

―【留学生】―

「『言葉の力』を教えてくれた『日本』」 中国＝李 丹（女。創価大学大学院） 84-85
「思いやりの『重ね』文化」 韓国＝鄭 敬珍（女。法政大学大学院） 86-87

「笑顔で接する日本人」
ベナン＝ドウニョン・ゴッドフリッド・チョトンノボ（男。京都大学大学院） 88-89
「残してほしい『農村の原風景』」
ベトナム＝ディン・ティ・トゥ・ホアイ（女。佐賀大学大学院） 90-91
「持ち帰りたい『思いやり』」 中国＝張 淑婷（女。関西大学大学院） 92-93
「素晴らしい笑顔文化」 中国＝呉 朗静（女。首都大学東京大学院） 94-95
「日本で学んだ『こだわり』」 中国＝徐 佩（女。高知大学） 96-97
「生きる力をくれた『勤勉なお婆ちゃん』」
モンゴル＝サロル・ボロルマー（女。東京外国語大学大学院） 98-99
「『新』から『信』の国へ！」 韓国＝ジョン・ハンモ（男。京都大学大学院） 100-101
「素晴らしい『規則』の国」 中国＝何 旭（男。早稲田大学大学院） 102-103
「私の人生に『大きな役割』」 ロシア＝コマロフ・ミハイル（男。創価大学） 104-105
「素晴らしい『四季の変化』」 台湾＝支 元辰（女。関西大学大学院） 106-107
―【海外の社会人。高校生。日本語学校生】―
「すばらしい『お握り』の国」
エジプト＝ハディール・ファテヒ・アブドアーラア（女。社会人） 108-109
「日本人の『優しさ』を象徴する『優先席』」
アゼルバイジャン＝イルヤソワ・ヒマハニム（女。社会人） 110-111
「『日本の空の深さ』を体感」 ニュージーランド＝エディー・ウー
（男。オークランド・インタナショナル・カレッジ） 112-113
「日本人の優しい『あいまいさ』」 モンゴル＝オダヴァル・ゾルザヤ
（女。日本・ゴレスアカデミー日本文化経済学院） 114-115

【努力賞】 57 編

―【海外の大学生】―

「見習いたい『時間を守る』国」

カザフスタン＝バウベククズ・ジャンサヤ（女。カザフ国立大学） 116-117
「『父権社会』の国」

オーストラリア＝インイン・ウ（女。ニューサウスウェールズ大学） 118-119

「『現代と伝統』が調和した国」 中国＝畢 玉婷（女。遼寧師範大学） 120-121
「『金継ぎ』の芸術」
ルーマニア＝マリア・カメリア・ニッツァ（女。バベシュ・ボリアル大学） 122-123
「食事から感じた『もったいない』」 中国＝丁 力（男。蘇州科技大学） 124-125
「アニメは『幅広いテーマ』と『心遣い』」 中国＝楊 丹（女。湖北民族学院） 126-127
「『秩序』観あふれる国」 中国＝胡 彦峰（女。黒龍江大学） 128-129
「『職人気質』の国」 中国＝胡 琴（女。北京第二外国語学院大学院） 130-131
「私の心に重要な『日本文学』」 中国＝林 兆歓（男。広州城市職業学院） 132-133
「日本人の『サービス精神』」 中国＝陳 羽萌（女。大連海事大学） 134-135
「『良い心』がある『大福』みたい！」
タイ＝ササナンチュンキーリー（女。ラムカムヘン大学） 136-137
「日本の自然は『四つの色』」
ロシア＝ボルトネーブスカヤ・ユーリャ（女。イルクーツク国立大学） 138-139
「社会責任の種をまく『成人式』」 中国＝紀 元（男。東華大学） 140-141
「伝統文化の忠実な守護者」 中国＝呂 芸雅（女。西北大学） 142-143
「創造力を刺激！『日本の芸術』」
ウクライナ＝シェフチェンコ・ヴァレリヤ（女。キエフ国立言語大学） 144-145
「『性格と心』を育ててくれた」
スウェーデン＝アイサク・オデン（男。ヨーテブリ大学） 146-147
「『ご当地ゆるキャラ』は日本の『文化』」 台湾＝陳 佳旻（女。輔仁大学） 148-149
「暗い『日本のいじめ』」 中国＝郝 文文（女。河南科技大学） 150-151
「『部活』で成長する日本の若者」
フランス＝ヒンスベージェー・クロエ（女。ストラスブール大学） 152-153
「『ちらし寿司』で恋した『日本』」 中国＝霍 雨佳（女。海南師範大学） 154-155
「驚きがいっぱいの『国』」 中国＝顧 淋淋（女。大連工業大学） 156-157
「『ウチ』と『ソト』の距離」 中国＝陳 璐璐（女。南京大学大学院） 158-159
「『俳句』を作ってみました！」
モンゴル＝エルデネオチル・サンチル・オヤー（女。モンゴル国立大学） 160-161
「行ったことのない『不思議な国』」
ウルグアイ＝クリスティアン・グティエレス（男。ウルグアイ共和国大学） 162-163

「完璧ではないが、『素晴らしい別世界』」
スリランカ＝アエーシャー・ダルマシリ（女。ケラニヤ大学） 164-165
「『小確幸』がいっぱいの国」 中国＝劉 超（女。天津工業大学大学院） 166-167
「『文化』の似ているところを探す」
インドネシア＝マリア・フロレッタ（女。ブラウィジャヤ大学） 168-169
「一つの漢字を選ぶと、『風』です」
トルコ＝ヤーズ・アルプ・オクル（男。エルジェス大学） 170-171
「レストランのタバコ」と「刺青（入れ墨）」
フランス＝ヤン・マモノフ（男。ストラスブール大学） 172-173
「一番好きな『本音と建前』」
タイ＝ノッパスィット・ウォンスィリ（男。ウボンラチャタニ大学） 174-175
「日本は『心の鈴蘭』」 中国＝陳 柯君（女。山西大学） 176-177
―【留学生】―
「心から人を気遣う『思いやり』」 中国＝孫 青柔（女。東京大学大学院） 178-179
「親切さを教えてくれた『和』の精神」
韓国＝朴 起範（男。関西大学大学院） 180-181
「制服への『こだわり』」 中国＝曹 馨文（女。群馬大学） 182-183
「双方向の『親しみ』を持てる国」 台湾＝諶 芷萱（女。早稲田大学） 184-185
「一緒に困難を乗り越える国」
カンボジア＝チャエム・ソンレン（男。宇都宮大学） 186-187
「集団意識が強い大学の『部活』」 中国＝任 偉溱（男。一橋大学） 188-189
「みんながいる『自分の居場所』」 中国＝顔 夢達（男。熊本大学） 190-191
「素敵！『バカまじめな日本』」
インドネシア＝レブヤン・マギストラ・ユリスティラ（男。東北大学） 192-193
「『おもしろい』日本」中国＝劉 天琦（女。山口大学） 194-195
「『異なる文化』を受け入れる勇気」 台湾＝張 意均（男。同志社大学） 196-197
「『細かいことに配慮する』日本人」 中国＝廖 韋娜（女。九州大学大学院） 198-199
―【海外の社会人。小学生。高校生。日本語学校生】―
「『書道』から『母語』の大切さを知る」
キルギス＝カパロワ・アルトゥナイ（女。社会人） 200-201

「『子供の自立』を重視する国」
ベトナム＝グエン・タォ・グエン（女。社会人） 202-203
「苦しくも、楽しい『日本語の勉強』」
モンゴル＝Ｅ・チョローンチメグ（女。社会人） 204-205
「違う『話し方文化』の理解を」
インドネシア＝サラ・ラティファ（女。社会人） 206-207
「日本について『思うこと』三つ」
ネパール＝ライ・シャラド（男。社会人・日本在住） 208-209
「最高に憧れる国」
リトアニア＝マタス・シュカーヌリス（男。ヨナス・バサナビチユス高校） 210-211
「日本のいいと思うところ」 タイ＝ダニット・ヴォラサラン
（女。アメリカン・パシフィック・インターナショナルスクール） 212-213
「高い『環境保護意識』」 中国＝郭 凡辰（女。甘泉外国語中学） 214-215
「『新しいものを作り出す』国」 中国＝袁 思懿（女。長春日章学園高中） 216-217
「行ってみたい『神様の国』」
ポーランド＝ドミニク・ゲジェレツキ（男。ワルシャワ日本語学校） 218-219
「日本の『好きなところ』・『嫌いな所』」
カンボジア＝ワット・ソムナン（男。国際日本文化学園一二三日本語教室） 220-221
「『人を笑わせる』文化」
スペイン＝ガロ・ペレス・アルトゥロ（男。日本・渋谷外語学院） 222-223
「水道水を飲まないのは、『もったいない！』」
インドネシア＝ガルダ・アルジャミウス・ショヒ（男。日本・東京国際交流学院） 224-225
「すてきなぶんかをもっている国」
パラグアイ＝ボガド・クラウディア（女。小学六年生・日本パラグアイ学院） 226-227
「僕とガンダム」 韓国＝キム・ジホ（男。小学六年生） 228-229

【特別賞】 1 編
「盲学生と日本語」
タイ＝カンワン・スパヤーン（男。タマラートスクサースクール） 230-231

「一、二、三等賞。努力賞。特別賞」百一人の作文

自信をくれた私の宝「日本」

シュレヤ・デイウェ
（インド。プネ大学・女・二十歳）

大学生になって専攻を選ぶ時、私は英文学を選びました。そして、「英語のほかの外国語も、何かをやってみたい」と思い、「第二外国語」で日本語を選びました。「何で日本語？ 字も読めないし、文法も硬いし、漢字がいっぱい」と思いながら、緊張して日本語のクラスへ行きました。でも、日本語の勉強が楽しくて、日本語が好きになりました。

その時、日本について知っていたのは、まだ「東京」だけでした。

ある日、私は日本人の友達の家に招待され。友達は日本のことをいろいろ教えてくれました。そして、日本とインドが似ていることに気付きました。

仏教やお守りのこと、神話学など。そして、インドの「サラスヴァティ」という神様と日本の「弁財天」は同じだそうです。その上に、尊敬語と謙譲語の使い方も似ています。「どこかで日本人とインド人はつながっている」と思いました。

友達は日本の写真をたくさん見せてくれました。富士山、花火、着物、花見の写真。おかげでインドにいても「日本」が感じられました。その時、初めて「日本は東京だけではない」とわかりました。それからは、日本の歌ばかり聞いたり、日本のドラマだけ見たりするのは私の日常になりました。

そして、日本の文学を読んだらとても驚きました。「百人一首」のおかげです。「田子の浦に　うち出でて見れば　白たへの　富士の高嶺に　雪はふりつつ」山部赤人が作った短歌を読んで、富士山の写真が目に浮かんで来ました。嬉しくて嬉しくてたまらくなり、とても感動しました。「日本が大好き」という気持ちになりました。

「日本」と何の関係もなかった私は、いつの間にか「日本だけの関係がある人」になりました。遠くはなれていても、日本人の友達は私の力です。

「日本」と「日本語」は私に自信をくれたのです。

日本へ行ったことは一度もありません。ですから、私の日本は、まだ想像の中の国です。満開の桜、東京の高いビルから見える富士山を想像しています。

日本の「ビギン」の感動的な曲「島人の宝（しまんちゅぬたから）」が大好きです。

「教科書に書いてあることだけじゃわからない大切な物がきっとここにあるはずさ」

私にとって、これからも、「日本」は私の宝で、日本人の友達は私の宝物です。

【一等賞】―留学生

「一平方《メートル》」のトイレは日本の縮図

王 志博
（中国。宇都宮大学大学院・男・二十五歳）

トイレは、どこの国にもあり、小さな子どもからお年寄りまでが一日に何度も利用する場所です。そんなトイレを「汚い」、あるいは「臭い」と思う人はたくさんいるでしょう。しかし、私が二年前に初めて日本に来た時、私の中の「トイレ」という概念を大きく覆したのです。

日本のどこのトイレもキレイで、機能にも優れ、とても感銘を受けたことを覚えています。日本人の清潔好きのため、どこのトイレもキレイに保たれています。それだけでなく、便座が温かく、ウォシュレットが付いており、トイレ用品が豊富で、日本の技術力が発揮されています。トイレは、単なる排泄する場所だけでなく、休憩や更衣室の役割もあります。特に女性はトイレで身だしなみを整えたり、赤ちゃん用のベッドが設置してあるそうです。トイレの社会的役割も大きいです。日本のトイレの個室はせいぜい一平方《メートル》ですが、日本人の細かなところへの配慮が目に見えます。

大学の日本語の授業で、日本では小学生の頃から学校で「掃除の時間」があると知り、中国出身の私は大変驚きました。もし中国で同じことがあったら、「自分の大事な子どもに汚いトイレ掃除をさせるなんて無理だ！」、「掃除は掃除のおばさんのすることじゃないか？」と怒り出す人がたくさんいるでしょう。私も初めはそう思いました。しかし、学校教育の大切な一環ではないかと考えるようになりました。小さな頃から身の周りをきれいにする習慣があると、物を大切に使う心が育まれ、気持ちよく生活することができます。トイレを掃除する側と利用する側の双方の気配りによってトイレがキレイに保たれているのです。

日本に来て初めて「トイレ文化」という言葉を耳にしました。日本人の気配り精神が「トイレ文化」を生み、支えているのです。この「一平方《メートル》のトイレ」こそ、キレイな日本、便利な日本、洗練された日本の縮図であり、「三十七万七千平方《メートル》」の日本の姿が見えてくると思います。

「日本のトイレは世界一」と言われています。そして、日本の代表的な文化の一つになりました。日本へ旅行に来て爆買ばかりしている中国人観光客が日本のキレイなトイレを見て、中国での生活を見直してもらいたいものです。

【一等賞】―海外の社会人（日本在住）

「世界一正直な国」

ドン・フン・タオ
（ベトナム。山九㈱（日本）勤務・女・二十七歳）

私は、広島の日本語学校と福井県立大学の六年間の留学体験を通じて断言できるのは、日本は「世界一正直な国」ということだ。

警視庁遺失物センターの調査によれば、二〇一六年に東京都内で警察に落とし物として届けられた現金は約三十六億七千万円に達し、そのうちの七割以上が持ち主に返されたそうだ。日本人の多くが、拾ったお金をネコババせずに警察に届けていることは、多くの外国人にとっては驚くべきことだ。海外でも、日本人の正直さが称賛された。

私は小さい頃、家の近くで財布を拾ったことがある。従兄弟はそれを持ち主に返すことに反対したが、頑固な私に負けて、ようやく返すことができた。私は持ち主の笑顔を見ることが出来て、とても嬉しかったのだが、それを家族に報告すると、〝なんでお金を返したの?〟と、半ば馬鹿にしたように私を笑った。その時戸惑った私が、大人になってだんだんと気づいてきたのは、貧しい国での信頼関係というのは、何より価値のある、ということだ。落とし物が戻ってこなかったり、盗まれたりすることも珍しくないため、いつの間にか、人間同士の信頼が失われていく。

そんな他人への不信感に困惑していた私は、日本に来て衝撃を受けた。

ある日、下宿の駐輪場に戻った私は、自転車のカゴの中の小さい袋に気付いた。袋を空けてみると二千円とメモが入っていて、そこにはこう書かれてあった。「ごめんなさい。自転車をぶつけてカゴを壊してしまいました。少ないですが受け取ってください」。確かに、よく見るとプラスチック製のカゴが少し欠けていたが、黙っていればわからないくらいだった。母国はあり得ない奇跡が起きていた。相手がいない所でも、ちゃんと責任を取るという日本人の行動は、私に大きな感動と感激を与えてくれた。そのことがきっかけとなり、私は「人間の信頼関係」について真剣に考えるようになった。

今までは、人間が正直でないのは貧しさのせいだと思い込んでいた。本当にそうだろうか。あの東日本大震災によって、私の思い込みが大きく覆された。地震発生直後、米国メディアが日本人の「精神的な回復力」を絶賛していた。災害時の「物資の略奪」などは、東日本大震災ではほとんど見られなかった。それこそが、日本人の誠実さなのだろう。

私は、「正直な心」を持つ日本人の素晴らしさを、ベトナム人に知ってもらうために努力したい。近い将来、母国に、正直な人達がいっぱいになることを願っている。

「BOKURA（僕ら）の明日」

バスマラ・モンタスィル
（スーダン。ハルツーム大学・女・二十歳）

私は「日本」という言葉を聞くと、温かくなつかしい気持ちになります。今までいろいろな場面で日本人に支えてもらったからです。日本について、知っていることはほんの少しですが、スーダンで出会った日本人のおかげで、私は日本にとても感謝の気持ちを持つようになりました。

私は小さい頃から人と関わるのが苦手で、恥ずかしがり屋でした。大学に入ってから、初めて家を出ましたが、私は大家族で育ったので、寂しい思いをしていました。昔から日本のアニメが大好きだったので、大学で開かれた日本語の公開講座に登録しました。そこで、初めて日本人に会いました。

日本語を勉強し始めてからも、最初はいつも一人で教室にいました。でも、ある日、日本人の先生が私に話しかけてくれました。いつも一人だった私には初めてでした。「あなたは私の娘みたいね」。私が一番好きな先生の言葉です。先生は私たちの寮によく遊びに来てくれました。先生がいなかったら、私は大学を辞めていたかもしれません。先生は本当に母のような存在でした。先生のおかげで、クラスメートとも仲良くなれました。前は話し相手がいることが夢のようでしたが、今はまわりにたくさんの友達がいて、みんなに「うるさい！」と言われるぐらいになりました。

そして、大学三年生になった時、スーダン人よりスーダン人らしい日本人の先生にも出会いました。スーダン人の私も食べたことがない食べ物や行ったこともない場所について、話をしてくれました。

別の日本人の先生は、優しく、そして厳しかったです。間違った場合、ちゃんと反省をすることを教えてくれたました。本当の大人として、責任をもって物事に取り組むことを教えてくれました。

私たちは二〇一五年九月十九日に、日本人との絆のために「ＢＯＫＵＲＡ」というイベントをしました。「ＢＯＫＵＲＡ」はアラビア語で「明日」という意味です。つまり、このイベントは「ＢＯＫＵＲＡ（僕ら）の明日」という意味で、スーダンと日本の明るい未来を願って行われました。スーダンのトーブという服と日本の着物を合わせて「ユカトーブ」という名前の服を作ってファッションショーをしたり、日本人がスーダンの歌を歌ってくれたり、ゆかたやトーブを着て写真をとったりしました。

日本人と過ごした四年間は、私にたくさんの大切なものをくれました。そこで、気づいたのは、どんな人に出会うかによって、人生は変わるということです。「日本」は、私に希望や幸せをくれた国です。それが私にとっての「日本」です。

独特の「色鮮やかな国」

ブクタ・ユスティナ
（ハンガリー。カーロリ　ガーシュパール大学大学院・女・二十四歳）

三歳の時、両親と日本へ行き、十三歳まで日本にいた。それから、もう十年以上が経った。今も日本語を勉強し、大学院で日本文化を研究している私にとって、日本は独特の要素を持った「色鮮やかな国」だ。

当時、東京では、音や色など沢山の刺激に圧倒され、目にするもの何もかもが息を飲むくらい新しかったのを覚えている。街中の建物や道路などは綺麗に洗練され、二十四時間開いてるコンビニやたくさん並ぶお店には欲しいものが揃っていた。電車は時間ぴったりに到着し、たくさんの人を乗せていく。そうした風景に日本人は皆どこか急いでいる印象があった。

そんな近代的なイメージ溢れた日本だったが、昔から伝わる伝統や美の心を忘れていなかった。また、日本では四季の移り変わりを味わうことができるが、移り変わっていくものに対して日本人は儚さを感じる。春には桜の美しさに浸り、梅雨が明ければ猛暑に入る。秋には木々が美しい赤に染まり、冬には炬燵の中で暖まる。ほかの国では味わえないような日本の調和感が、私はとても好きになった。

日本ではたくさんの親しい友達に恵まれた。長い月日が経った今でも連絡を取り合っているが、日本人の丁寧さ、相手を思いやる心、他人への配慮の気持ちや謙虚な振る舞いは、とても印象に残るものだった。感謝も謝罪も「お辞儀」で表現し、頼みごとがある時はいつも「宜しくお願いします」と礼儀正しく付け加える。「謙遜」という言葉も日本独特で、ヨーロッパの人々にはなかなか理解しずらい。

今では、海外でも残業しながら仕事を頑張っている日本人の姿をよく見るが。やはり流石だなと思う。日本人は勤勉で真面目だと言われているが、まさにその通りだ。やり始めたことは責任を持って最後までやり遂げる頑張り屋だ。

日本人と一緒にいて、もう一つ気づいたことがある。それは、日本人が説明事を好まないことだ。「一を聞けば十を知る」とあるように、たった一言だけで分かり合えるのが日本文化だ。でも、それもまた、日本の魅力の一つだと思う。海外には、そういった文化はあまり存在しない。こういった日本独特の要素があるからこそ、日本は日本なんだ、と思う。

「日本」という国で得た経験はかけがえのない宝物だ。一言でまとめるのは難しいが、私にとって、「日本」は綺麗で優しい国、そして「今」と「昔」が混ざった「色鮮やかな国」だ。

「人を思いやる」心

宋　啓超
（中国。吉林大学・男・二十二歳）

日本語を勉強してもうすぐ四年目を迎える。日本はどんな国だろうか？日本に行くまではずっとぼんやりしていた。中日戦争の歴史を勉強してきた自分としては、日本という言語対象国に好感を抱いていなかったと言ってもよい。しかし、一年間の交換留学生活のおかげで、日本という国が段々好きになってきた。

二〇一五年、私は日本への留学機会に恵まれ、熊本大学で一年間勉強をしていた。

最初は、日本がきれいだなと思っただけで、別に好きになったことはなかった。しかし、不幸にも、私は翌年の二〇一六年四月、四百年ぶりという熊本地震に遭遇した。前震に無頓着な私は、本震が来た時にまさか自分が生きている間にこれほどの地震に遭遇するとは夢にも思わなかった。まだまだやりたいことがいっぱい残っているのに、と泣こうにも泣けなかったが、仕方なく私はみんなと一緒に避難所へ行った。

避難所の生活は決して楽なものではなかった。物資の不足、降り頻る雨による土砂崩れの恐れといった酷い状況の中だった。ところが、避難してきた人は、老若男女を問わず、みんな列に並んでご飯をもらい、お年寄りを優先的に避難所へ入れて、慌てずに指示に従って行動していた。そんな日本人の姿を一生、私は忘れることはないだろう。

もしかしたら、地震が何回も何回も日本に来ていたので、みんなは地震が恐ろしくないと思っているのかなと最初私は思った。しかし、怖がっている人々の顔を見て、私は避難している日本人たちは怖いと思っていないということではないことがすぐに分かった。そして、これこそが、日本人の「思いやりの心」だと思った。一人一人が「思いやりの心」を持っているからこそ、あんな状況の中でも秩序正しく行動していたのだ。私もそのような「思いやりの心」に感化され、日本人と同じように行動している自分に気づいた。知らず知らずのうちに「自分より他人」という「思いやりの心」を持つようになっていた。

今、日本人の接客の良さやきれいな街づくりに感心している人は少なからずいると思う。実は、振り返ってみると、それも日本人が他人を思いやる結果なのではないだろうか。一年間の留学で、外見から内面へ、と少しずつ日本という国が分かるようになってきた。それと同時に、この「思いやりの心」を持っている日本も好きになった。この「思いやりの心」が、私が感化されたように、これからどんどん世界中に広まっていけばいいと思う。

「夢」を叶えてくれた『日本』

ポーレット・ドール
（チリ。チリ大学・女・十九歳）

私はチリという国に住んでいます。将来、日本語教師になって、チリに、スペイン語と日本語の通訳や翻訳のための大学を創る、大きな夢を持っています。

「日本」はどんな国か？　と聞かれたら、私にとって、「日本」は私の夢を叶えるための国であり、距離が離れていたとしても、関係なく、夢を叶えてくれる「国」だと、信じています。チリは日本からずいぶん距離があって、文化や伝統がとても違うので、小さいころから「日本」のことに興味がありました。日本の一番好きなところは言語です。なぜなら日本語を通じて、日本人、日本文化、日本の伝統を理解できるからです。

私の地元は小さな村なので、高校のときには日本語学校で勉強をする機会がありませんでした。高校を卒業し、サンティアゴにある大学に入るために都会に引っ越し、やっと日本語学校に入学しました。しかし、期待していた学校とは全く違い、生徒たちの日本語能力は非常に低くて、私は落ち込みました。

なぜ、チリで教えられている日本語のレベルがこんなに低いのかというと、日本語を生かした進路選択や将来設計、「社会人」や「働くこと」を考慮したコースがないためです。ただ趣味で日本語を学びたいと思っている方のために教えられているのです。チリでは、日本語教育に関連する施設は非常に少ないため、選択肢は限られています。したがって、チリ大学で日本語を仕事の為に勉強するのは非常に難しいことです。

私の将来の夢は日本語の教師になることであり、その夢を叶える為に、毎日一所懸命日本語を勉強しています。日本語を趣味のレベルで教えるのではなく、きちんとしたキャリアとして教えていきたいです。

チリと日本では大きな共通点がたくさんあります。漁業、火山噴火や地震対策等であり、両国は助け合えることが沢山あります。将来、「夢の大学」では、両国の多くの共通点を勉強していくことや、スペイン語を学びたい日本の方のためにも、日本にあるスペイン語学校との交換留学をすることができるようにしたいです。そこでは日本語だけでなく、中国語や韓国語など、アジア系の言葉も教えられたら素晴らしいと思っています。

チリで、いつか、日本語を使った仕事が現実のものになるように努力を重ねています。地球の真逆に位置するチリと日本ですが、言語の壁を超えた両国の絆や関係がもっと強くなることを願っています。

「金継ぎ（きんつぎ）」の国

メリッサ・パーク
（オーストラリア。ニューサウスウェールズ大学・女・十八歳）

私は中学の頃から、ずっと学校で日本語の授業を受けてきた。

授業を通じて日本の文化、価値観、伝統などを勉強する機会が多かった。今まで学んだことは様々であり、貴重でもあり、今でも日本の独特さに魅了されずにはいられない。

そして、今思うのは、「日本」は間違いなく個性的な国である。

「日本という国」が、私の目にどう映ったのか。

いろいろなことを勉強した後、自国のオーストラリアと日本との違いを知ることができた。そして、世界への視野を広げることができた。

特に、私の注意を引いたのは、日本人の物の考え方、つまり「精神」のことである。

私は、「金継ぎ（きんつぎ）」という言葉を聞いて、とても興味深かった。

「金継ぎ」とは、壊れた器を修理するために、日本で生み出された「技」である。

ある食器が壊れてしまっても、それを捨てずに「漆」を使って直し、最後に「金粉」を「漆」

の上からさらに塗るというものである。

初めて「金継ぎ」のことを聞いたとき、深く考えさせられた。

「金継ぎ」は、日本人の精神を表している、と思う。

食器のひび割れは、「人生における困難、落ち込み、挫折」を象徴する。

しかし、食器を捨てない「金継ぎ」のように、苦難に遭っても、諦めないで頑張り続ければ、以前より強い自分になれる。「金継ぎ」は、そのような精神を表しているのだ、と思う。

例えば、二〇一一年に起こった東日本大震災の後、東北地方だけではなく、「復興」という目標に向けて全国が一丸となって頑張っていた。

それを見て、日本人は、協力と団結心という一体感を大切にする人々だということが分かった。

日本の魅力は。物質的な文化に限らない。

目には見えない日本人の精神の根底には、「金継ぎ」のように、日本独特の強い精神があると思う。それが、私が日本に深い興味を持っている理由の一つかもしれない。

【二等賞】―海外の大学生

「完璧さ」を具現する国

アリアンナ・マルティネッツリ
（イタリア。サピエンツァ大学・女・二十一歳）

私は、三年前から日本語を勉強し、今、大学の東洋研究学部で、日本語と日本文化を専攻しています。

これまでの勉強の結果、日本は「完璧さの理想を具現する国」だと思います。

私は日本の文化、特に古くから伝わるユニークな行事に強い興味を持っています。例えば、「成人の日」です。成人式で成年に達した若者が和服で「神社」へお参りに行くのはとても面白い習慣だと思います。イタリアには大人になった若者のための祝日などは特にありません。

日本文化の中で、「自然」が尊重されていることに強い共感を覚えます。「自然の尊重」は、日本の伝統芸術である華道や茶道の根底になっていますが、日本の宗教に密接に関係しています。「神道」は実に興味深い宗教で、自然が精神を形作っていることに、私は驚きました。「神」は自然の力の表われで、「自然」は神の住居です。

日本には世界に類のない自然の風景があり、神社は林の奥に建てられています。

ところで、私は「折り紙」に夢中ですが、折り紙も宗教に関連しています。神社では御幣（ごへい）が使われていて、畳んだ紙で「神」の存在を象徴したものです。折り紙はたいへん奥が深い遊戯だと思います。

また日本人は、礼儀正しく親切で、他の人を大切に扱うと聞きました。中でも私の非常に好きな言葉は「思いやりの気持ち」です。この言葉は日本人の特徴を表現しています。他の人が主役で、いつも他の人の気持ちを尊重し、頼まれる前に他の人の願いをかなえてあげようとする日本人の心は、素晴らしいです。

日本人とイタリア人は対照的です。イタリア人が自分の感情を強く表現して外向的なのに対して、日本人は内向的です。性格の形成には、学校が重要な役割を果たしているように思います。学校で子供たちは人生の手ほどきを受け、社会的慣習を学びます。日本の学校にあるいろいろなクラブは個人の性格形成に貢献しているようです。

日本の大学について考えると、肯定的な面は「大学での勉強が就職を保証している」点だと思います。就職の機会も日本のほうがずっと多いようです。一方、大学の否定的な面は「入学試験の複雑さと過度の負担」だと思います。大学だけでなく、日本の学校組織はイタリアのそれに比べて厳格すぎるかもしれません。しかし、それは日本の社会が潤滑に機能するための根幹を成しているので、「完璧さ」かもしれません。

私は、日本の文化・社会全ての面に強い関心を持っています。その知識をもっと掘り下げるために、是非、日本に行きたいと心から願っています。

【二等賞】——海外の大学生

世界に誇れる「集団尊重主義」

バリウリン・アンナ
（モルドバ。ロシア国立大学・女・二十歳）

「日本語」の授業で、「うち」と「そと」の概念について習った時、日本語と、私の母国語であるルーマニア語では、社会の認識の仕方に違うことに気がついた。それ以来、異なる言語を話す人たちが、それぞれ、社会の中で自分自身をどのように位置付けているのか、という問題について考えるようになった。

西洋人の私たちは、自分自身を行動の中心に置く傾向があるのに対して、日本人は、客観的に、物事を外から見ているように思う。例えば、西洋人は「私」という代名詞をよく使う傾向があるけど、日本語にはそれがない。この違いは、どこから生じるものだろうか。ヨーロッパに比べて、日本では、集団主義、集団尊重の考え方が発達しているように思う。

日本では、集団尊重主義は、日本が抱える問題の一つだと考える人もいるようだ。日本で生まれ、日本で育った友人は「日本では、個性を発揮しようとすると邪魔をされ、時にはいじめに至ることもある。日本人は日本社会の一部でなければならないという風潮が嫌いだ」と言っていた。

私は残念ながらまだ日本に行ったことがないので、彼の意見に対して、説得力のある反論はできない。けれども、日本の「集団尊重主義」は、私にとって、日本の美徳の一つであり、「日本という国」に魅力を感じる重要な理由だ。

一例を挙げれば、経済復興だ。戦後の日本経済は、「奇跡」とも呼ばれる急速な発展を遂げた。それを可能にしたのは、保護主義や管理貿易だけでなく、各企業が、国益のために、政府と密接に連携しつつ経営を行ったこと、また各々の労働者が、会社の経営方針に従って尽力したことだ。そうした集団尊重主義なくしては、日本の経済発展はありえなかった。

日本の皆さんは、こうした環境や考え方に慣れていて、当然のように思われるかもしれないが、私が生まれ育ったモルドバでは、事情が大きく異なっている。モルドバ人は日本人に比べて非常に我まま、個人主義的で、他人をあまり信用しない。もし、モルドバの人たちが、日本人を見習って、自分の利益よりも、少しでも集団や社会を尊重するようになれば、モルドバの経済も発展するのではないだろうか?

私にとっては、日本のいわゆる集団尊重主義は、決して短所や問題ではなく、むしろ日本の長所だ。日本は、社会に尽力しようとする国民の努力によって、世界でも有数の経済大国となった国だ。日本の「集団尊重主義」は、世界に誇るべき長所です。

「残業」に支えられた日本社会

ローレンス・ミラー
（イギリス。リーズ大学大学院・男・二十五歳）

馬が目の前にぶらさげられたニンジンを得ようと必死になるように、日本では、人々は仕事に従事し、日々膨大な時間を仕事に費やしている。終業時間を過ぎても働き続ける、つまり『残業』をする日本人を見つけることは容易で、むしろ大多数が日常的に残業を行っているのではないだろうか。

ＡＬＴ（外国語指導助手）として日本で二〇一三年から二年間働いた経験から、大げさかもしれないが、日本社会で生きていくうえで、残業は必要不可欠だ。むしろ残業によって、日本社会は支えられていると言っても過言ではないと僕は考える。

イギリスでは、特に仕事に関しては〝明日できることは明日〟という考え方で、終業時間になったら帰るべきという態度をとることが一般的である。それに比べて日本では、〝今日できることは今日〟という気持ちで、終業時間になっても帰るべきではない、という考えを持つ人が多いように感じる。それを暗黙の了解とする日本の常識があることは確かであるし、そういった日本の常識が、誰かに強制されるでもなく、人々が自然に残業を行うに至る背景であると考える。

その一方で、残業をすればより多くの業務を終えることができ、新しい仕事に着手することもできる。多くの業務を自分が処理しているという、ある意味、職務に対する熱意を、残業に置き換えている人も多いのではないだろうか。つまり、「日本社会のルール」に従うために、残業をしているのではなく、「自分の興味」を満たすため、ニンジンを得るために残業をしている人も多いという側面があると思う。

日常的に残業を行う「仕事人間」の日本人を僕は何人も知っているが、皆仕事に一生懸命で、結局のところ仕事が好きなのだと僕は思う。日々のほとんどを仕事に費やし、その仕事が自分の肩書であり、自分という人間を形成する要素の大部分である、と考えている日本人は多い。

社会のグローバル化により、仕事以外のプライベート重視のライフスタイルを好む日本人が増えていることは確かだし、過労死など残業に付きまとうネガティブな一面があることは否定しない。しかし、仕事に自分自身の存在価値を見出し、身も心も仕事に捧げる程の覚悟を持つことができる日本人の性格は世界が真似をしようとしても容易ではないはずだ。

「仕事人間」の日本人に、僕自身が一種の憧れを持っていることもまた確かである。

胸を打たれた「空港の光景」

ヴォロシナ・タチヤーナ
（ウクライナ。社会人＝ドニェプロペトロフスク国立大学卒・女・三十二歳）

『日本』のことを思うと、すぐに日本の空港の飛行機の窓から見た光景が私の頭の中にはっきり浮かんできます。

日本人にとっては平凡なことかもしれませんが、その光景に私の胸は強く打たれました。

私は、二〇一二年に一ヶ月間横浜国際教育学院で日本語を勉強し、二〇一六年一月に二週間、に家族と一緒に日本を旅行しました。日本人の礼儀正しさ、贅沢な自然、綺麗な空気、美味しい料理など、思い出は沢山ありますが、一番印象に残っているのが、日本を離れる時の「空港の光景」です。

飛行機が滑走路へ出る時に日本の空港のスタッフが飛行機に向かって一列に立って手を振っていました。それに気づいて手を振り返したのは私だけだったと思います。その後に起こったことは一生忘れられないことです。涙をこらえることが出来ませんでした。手を振った後、その人たちは一丸となってお辞儀をしました。今でもこれを書いていると涙がこみ上げてきます。この感情はこの時の光景を自分の目で見ないと分からないかもしれません。この出来事は日本の国民性をはっきりと表していると思います。

不思議なことに、日本は私にとって故郷のように感じられます。それは消すことのできない気持ちです。私がどんなに日本に長くいても日本人にとって私が「外人」であることは変わらないということは分かっていますが、日本に来ると、何となく安心して故郷に帰ってきたような気がします。

もちろん他の国と同じように、日本にもよくないところもあるかもしれませんが、いいところが数えきれないほどあります。日本の一番大きな欠点は、様々な天災が多いことだと私は思います。日本は地震、台風、津波が多い国です。これらがもたらす被害が大きくなると元の生活を取り戻すことはすごく大変だと思います。

でも、日本人の勤勉さや我慢強さ、楽観主義などにとても感心しています。地震とかが起きる度に色々な復旧をしなければなりません。被災者や犠牲者が出るのは辛い事ですが、地震に強い建物や地震発生時に電車がすぐに停まれる安全装置など、教訓が色々な所に活かされています。もし日本が災害の多い国でなかったら、こんな便利な都市になっていたかは分かりません。

日本人はいつも結束して困難に打ち勝ちます。非常に感心します。でも、これ以上天災が起こらないように、家族や友達を無くさないように、建物を再建しなくてもいいように、いつも祈っています。

この素敵な国と国民に神のご加護と祝福がありますように。

【三等賞】―日本語学校生（日本在住）

身に付けたい！「気くばり」

オゲン・サンガン
（ネパール。ゴレスアカデミー日本文化経済学院・男・二十三歳）

わたしは日本人の習慣のなかで、日本人の「気くばりの精神」に感心しています。

たとえば、日本の食事のあいさつの仕方に感心します。食前、日本人は手を合わせて「いただきます」といい、食事がおわったら「ごちそうさまでした」といいます。料理をつくってくれた人だけではなく、お米や野菜を作ってくれた人たちへの感謝、食材に対する感謝の気持ちが込められています。なんとやさしい気くばりなのでしょうか。

出かけるときは「いってきます」「いってらっしゃい」「きをつけてね」、帰ってきたときは「ただいま」「おかえりなさい」とあいさつします。

わたしは居酒屋でアルバイトをしていますが、帰るときは「おさきに失礼します。おつかれさまでした」と元気よくあいさつします。これは日本人の「気くばりの精神」だと思います。

ある日、わたしはアルバイト先で、使った包丁をちゃんと片付けないで、自分が使いやすい場所におきました。それが原因で包丁が床におち、同僚がけがをしてしまいました。わたしは店長にとてもしかられると思いました。店長はこう言いました。「日本ではおもいやりが一番大切だよ。おもいやりとは自分のことより、他人のことを考えて気をつかうことなんだ。どうすれば、同僚がはたらきやすいかを考える。お客様には丁寧な言葉と態度で接することも大切です。自分よりも、まず相手のことを優先して行動する。それがおもいやりだよ。」

店長は「おもいやり」の意味を、わたしに「おもいやり」をもって教えてくれたのです。わたしはこの店長の「気くばり」に感動しました。わたしはその日から「気くばり」というものを、自分のものにしたいと思うようになりました。

しかし、「気くばり」にはマニュアルがありません。気くばりという能力は日本人独特の能力だと思います。気をまわす、気転がきく、気をつかう、など、「気」が頭にくる言葉は気くばりの基本です。たとえば、父親が「タバコ」といえば、こどもはタバコだけではなく、灰皿とライターも持ってこなければなりません。このような「気くばり」は、外国人にとってはかなりハードルが高い習慣です。

自分よりまず相手のことをかんがえ、「おもいやり」をもって行動すること。わたしの「気くばり」はまだまだですが、この日本人の「気くばり」の精神を身につけていきたいです。

「孤独な日本人」

マリユータ・アレクサンドラ
（ロシア。リャザン国立大学・女・二十一歳）

「日本人は働きすぎだ」とよく言われるが、日本人がよく働く理由の一つに、給料によって人の地位が決まるということが考えられる。それで、日本人は「試験でいい点数を取らなければならない」、「いい大学に入らなければならない」、「いい会社で働かなければならない」など、子供の頃から多くのプレッシャーをかけられる。その時から、日本人と外の世界との隔離は始まっている。

日本人は他の国の人と比べ、勉強や仕事をして過ごす時間が長い。その結果、家族や友達と過ごす時間が少なくなり、だんだん距離ができてしまう。そして、近年、日本の社会では「孤独な人」が増えてきている。

彼らが最も大きく社会から隔離されてしまうのは、大切な試験に失敗したり、仕事をクビになったりした時だ。本当はそうではないのに、社会から、そして家族からも見捨てられたような気になって、他人と顔を合わせられなくなる。そして、最終的に自分の部屋から出られない「引きこもり」になってしまうのだ。その時、最も大きな問題は、家族が何もしないことだ。見て見ぬふりをして子どもの部屋に食事を持って行くのは、問題の解決方法を探すことより簡単だからだろう。

また、日本には「甘え」という概念がある。「甘え」とは、両親をはじめ、周りの人に依存したいという気持ちのことだ。私の国にはそのような概念がない。ロシア人はできるだけ早く独立した大人になることが大切だと考えているからだ。それに対し、日本人の親は子どもに甘い。大学生の子供の学費を払ってあげることは普通だし、子供が一人暮らしの場合、アパートの家賃や生活費まで渡すこともある。また、同居している子供には、食事を作ってあげたり、部屋を掃除してあげたり、服を洗ってアイロンをかけてあげたりもする。両親のこのような態度も、ちょっとの失敗で社会から逃げ出し、家にこもる子供を増やす原因だと考える。

そのような子供を減らすために、両親は子供との接し方を変えなければならない。周囲の目を気にして「いい子供」になるようにプレッシャーをかけるのではなく、子供の意思を尊重し、自分で将来を選択させることが大切だ。そして、両親だけでなく、社会も子供との接し方を変えていかなければならない。社会から逃げ出してしまう人が増えている今、できないことを責めるのではなく、できることを見つけられる機会を与えるべきではないだろうか。

日本人の「冷たさ」

张 滢颖
（中国。蘇州大学・女・二十歳）

私は一年間、日本の明治大学へ交換留学したことがある。小さい頃から日本のアニメとドラマが好きだったから、ずっと日本に憧れていた。しかし、日本で一年暮らしたら、私は日本に対する考えが大きく変わった。より客観的になった。「日本人は冷たい」ということだ。

「日本人は、マナーはいいが、冷たい」と感じる外国人が少なくない。

しかし、日本のお年寄りの人たちは、若者より優しいし、それほど冷たくないと感じられる。私は留学していた間、いろいろな所を旅行した。一人で大きな重いスーツケースを持っていた時、手伝ってくれた人は全部、お年寄りだった。若者から声を掛けられたことがない。いつもお年寄りだけが手伝ってくれたから、日本の若者は冷たいと、感じるのかもしれない。

また、日本人は「ちょっと恥ずかしがり屋」だと言えるだろう。恥ずかしがり屋で、性格が奔放ではないから、冷たいと思われるのかもしれない。しかし、街を歩いている時、日本人はあまり話さないようだ。新宿のような大きい駅では、ぶつかって人を倒すぐらいの速さで歩いている日本人が多かった。

そして、この「冷たさ」は外国人に対することだけではない。日本の職場環境は厳しい、と言われている。仕事のストレスが多く、過労死や自殺などの問題も多い。最近、東大卒の若い女性社員が、仕事の過労と上司にひどいことを言われて自殺したというニュースがあった。自殺した女性は、日本の社会の「冷たさ」に我慢できなかったのではないだろうか。彼女はツイッターに、「一日二十時間も会社にいると、もはや何のために生きてるのかわからなくなった」ということを書いたそうだ。まさに、仕事の巨大なストレスが彼女を自殺に追い込んだのだろう。上司のパワハラも一つの原因かもしれない。

日本人は性格が内向的で、恥ずかしがり屋で、外国人に冷たいと思われがちだ。職場でも、日本人同士の間でも、冷淡な人間関係が決して少なくない。「距離感」を重視する日本人は、人に対して、もう少し「無防備」になってみたらどうだろうか。また、「外人」という観念を捨てて、日本人本来の「温かく、優しい一面」を見せてほしい。

「日本語」を諦めなくて、良かった！

オルン・チャンポン
（カンボジア。プノンペン大学・女・二十四歳）

私が通っていた田舎の小学校は、日本の岡山県の団体によって建設された学校です。そこで、日本のことをたくさん知りました。いつか、その日本の方々に日本語でお礼を言いたいと思って、日本語の勉強を始めました。

しかし、三か月後、教えて下さっていた先生が突然辞めて、日本語を学ぶ環境がなくなってしまいましたが、私は日本語の勉強を絶対、諦めたくない、と思い、都会にある大学の日本語学科に進学することにしました。ある日、先輩に、「日本語は国際言語ではないから、世界中の人々と交流するのは難しい。外国語を使って仕事をしたかったら、日本語はあまり将来性がない」と言われました。それを聞いて、日本語をこのまま勉強し続けてもいいのか、悩みました。卒業後の就職に不安を感じたため、私の日本語を学びたいという気持ちも揺らぎ始めました。しかし、日本語の勉強を諦めないことにしました。そして、今、日本語を勉強し続けてよかったと思っています。

一つ目の理由は、カンボジア人が日本の製品に憧れていることが分かったからです。カンボジア人は、日本の製品は質がいいため、電気製品やバイクなどを買う時はいつもジャポンの製品を探します。カンボジアで日本語を使って仕事をする人はまだすくないですが、カンボジア人の日本製品に対する信頼性から考えると、いつか日本語がきっと必要になるだろうと思っています。

二つ目は、高校生の時に一度日本を訪問し、絶対にここで勉強したいと思ったからです。やっと念願かなって、二〇一五年九月から一年間、交換留学生として東京・昭和女子大学に留学しました。

この留学を通して、日本の文化や日本の美しさに実際に触れ、「日本人が行動する前に準備しておくこと」や「周りの人への気配りなど」を、学びました。さらに、日本人をはじめ、他の国の留学生と友達になり、日本語を用いて、コミュニケーションをとることの楽しさを学びました。

あの時、日本語を諦めなくて本当によかったと思います。

日本語は国際言語ではないかもしれませんが、日本語で国際交流をすることはできると思います。グローバル化に伴い、言語は、今後、コミュニケーション手段とますます重要になります。

「第二の故郷」である日本の「文化と言語」を広げる活動に貢献していきたいと考えています。

「匠の精神」を求めたい！

薄　鋒
（中国。大連外国語大学・男・二十一歳）

テレビ番組を見ていると、「爆買い」という言葉をよく耳にします。特に二〇一五年の春節の休みに、中国人の観光客が日本を訪れて、化粧品から便座まで様々な商品を買いました。わたしの母もその一人です。目薬や炊飯器などいろいろ買ってきました。知り合いから「どうして、こんなに日本の商品にこだわるの？」と聞くと、母は「日本製品の品質や性能が信頼できるから、大好き」と答えました。

私もそう思います。日本の商品はについて、誰もが「信頼出来る」、「サービスがいい」というようなイメージがあります。なぜ、日本という小さい国の商品が、全世界に高く評価されるのだろうか。今、ようやくわかりました。それは日本人の「匠の精神」のためだということでしょう。いろいろ勉強したところによると、「匠の精神」とは、自らの仕事に専念し、お客様に良い製品やサービスを提供することであるだけでなく、最も大切なことは、「社会のためにできる限り貢献して、自分の生きがいも感じられる精神」ということでした。

「匠の精神」は、製造業に限らず各業界に浸透しています。

例えば、大学の日本人教師からも見うけられます。家族と離れ、中国語もままならないのに、海外で一人つらい生活を送っています。しかし、学生の成績と能力を高めるために、一生懸命私たちを指導してくださっています。学生がなかなか理解できない時は、自分の休み時間さえも惜しまず、何度も何度も繰り返し、教えてくださっています。

ある日、私は「先生、どうしてそこまで頑張るのですか。努力しなくても給料はもらえるのに。」と尋ねたことがあります。先生は「お金のためだけではなく、仕事を心から楽しんでいるのです。学生たちはわたしにとって作品のようなものです。そのため、学生たちが優秀な人材になることは私にとって最高の報酬です！」と答えました。私は、今でも先生の話に大きな感動を受け、自分なりの「匠の精神」を求めようと決めました。そして、身の回りの友人にも「匠の精神」を伝えたいと思います。

たとえ、「爆買い」ブームが終ったとしても、質のいいサービスや製品を提供する日本の「匠の精神」は、今でも全世界に大きな影響を与えていると思います。

「四つの日本」に感動！

ヤスミーン・ザカリーヤ・ムハンマド
（エジプト。カイロ大学・女・二十二歳）

二年前に、交換留学生として、一年間、東京外国語大学で勉強した。その時いくつかのカルチャショックを体験したが、豊かな自然に恵まれている日本に感動した。暖冬と暑夏しかないと言われるエジプトから来た私は、こんなにはっきりと分かれている季節の違いを初めて体感した。

一つ目は秋だ。日本人の友達ともみじを見に近くの山へ行った。目の前で広がっていた紅、黄色などが混ざった木々の葉の景色は画家のカラーパレットのように見えた。個人的には、秋が一番好き。晴れた空に、たまに吹く涼しい風、完璧にいい天気、夜は月見ができるという爽やかな一日は最高だ。

次は冬になる。やっと雪を見る夢が叶った。生まれて初めての雪だった。北海道と秋田などにも行ったり、雪合戦と暴風雪といった単語も習ったり、ゴロゴロ転がりながらスキーもやってみたりという新鮮なことばかりの冬を過ごした。冬特有のクリスマス・イルミネーションも凄い力を持っている。どんな普通の町並みでも、おとぎ話に出てくるような輝いた素敵な場所にしてくれる。

そして春が来た。桜の季節だ。しかし、桜が咲いていたのは木の上だけじゃなかった。春は日本のどこを見ても、桜の花びらやら桜色のものが見える。例えば、コンビニやカフェなどの限定商品の味から、女性のネイルまでだ。桜を見飽きた人のためにも、桜以外に様々な花が咲いていた。友達と花見を楽しむ絶好の季節だ。

最後の四つ目は夏だ。エジプト人だから日本の夏だって簡単に耐えられるかと思ったら、完全に負けた。日本人の友達はエジプトと日本の夏の違いを教えてくれた。エジプトの暑さはからっとしているけど、日本は蒸し暑い。九〇％を超える湿気は思ったよりきつかった。そのことのせいにして、私が好きな海へ逃げざるを得なかった。人ごみの中で、空でキラキラしている光と祭りの独特な音は外国人の私にも楽しい経験だった。

まとめると、たった一年という短い間で、それぞれの季節ならではの体験や景色を楽しむことができた。全然違う「四つの日本」は、まるで「四つの国」を訪ねたみたいだった。

「日本」の素晴らしさを味わうためには、一つの季節さえ逃してはいけないと思う。

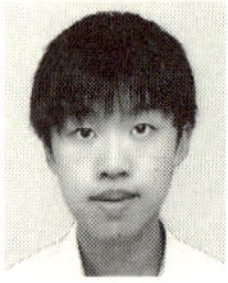

「四国・八十八ヶ所巡り」

ジェンセン・ロー
（アメリカ。プリンストン大学・男・二十一歳）

私は大学で物理学を専攻していますが、日本語に興味を持って、趣味で勉強しています。そして、タイで生まれたので、仏教のルーツを学びたかった。「二つの興味」を実現するために、日本へ行きたいと思っていました。

去年、「Princeton Club of Japan」主催によるプログラムに参加し、二回目の「日本」を体験しました。プログラムが終わってから自由時間があったので、四国に行って「八十八ヶ所巡り」をすることにしました。一ヶ月の間、四国を歩いて回りました。一人で歩きましたが、「お遍路さんは弘法大師様と同行して歩いて回ると言われています」ので、「二人で歩いて回った」ことになると思います。

香川県の弥谷寺の近くにある「俳句茶屋」でお茶をいただいたこと、徳島県で私がお腹が空いて倒れそうな時にあるおばあさんにパンをいただいたこと、などなど、たくさんの素敵な方々との思い出は忘れられません。なまっているおじいちゃんとおばあちゃんたちが多いので、日本語の日常会話なら問題がないはずの私には聞き取れないことが多かったです。私は、おばあさん達によく「子供扱い」されました。普段、「子供扱い」という言葉は否定的なニュアンスがありますが、四国のおばあちゃんたちにとっては、いい意味です。四国のおばあちゃんたちはあまりにも優しくて、いただいた四国のお菓子はあまりにも美味しかった。私はもちろん、「大人になりたい」という気持ちがあるが、四国に住んだら「子供に戻っても構わない」という気持ちになりました。

ところで、日本に行ったことのないアメリカ人は、「日本はどんな国だと思いますか」という質問に、「毎日お寿司を食べる国!」「ハイテクでとても綺麗な国!」「侍が忍者と戦う国!」などと答えます。私も初めはそう思っていました。しかし三年前に、友達に宮崎駿のアニメを紹介してもらって、「日本はお寿司の国だけではなく、トトロが昔から住んでいる国だ!」と思いました。さらに、日本への発見はどんどん広がりました。

最初の訪日は二年前の夏です。石川県で「Princeton in Ishikawa」という日本語プログラムに参加し、温泉への愛を発見しました。富士山の山頂で日の出を見たり、友達と京都の伏見稲荷にも行きました。優しかったホストファミリーとは今でも手紙や年賀状のやり取りをしています。

いろいろ経験すればするほど、愛するようになってきたのが、『日本』という国、です。

今度、日本に行った時、何を発見するだろうか?とても楽しみだ。

今は、「『日本』という国」と、ずっと一緒にいたい、と思っています。

見習いたい「日本の平和憲法」

イ・ジュヒョン
（韓国。ハンバット大学・男・二十一歳）

二〇一一年三月の東日本大震災の時、被災した日本人たちは慌てずに避難し、みんなが「秩序」を守って行動しました。そして、私はこれまで三回、いずれも、六日間ぐらい日本を旅行しました。道に迷った時、店で買い物した時など、いろいろな体験をして、「日本は秩序を守る国」、「他人に配慮する優しい人々が住んでいる国」だと思いました。

日本は、本当に平和な国です。なぜなら、日本は、韓国のように事実上「戦争中」でもないし、徴兵制度もないからです。私は軍隊で働いたことがあります。北朝鮮との悪い関係のため「戦争」の恐ろしさを肌で感じました。その恐ろしさや不安は二度と感じたくありません。

高校時代、東北アジア史の授業で先生が「日本国憲法は平和憲法です。大切ですから、しっかり勉強してください」と言いました。日本国憲法は世界唯一の平和憲法です。何よりも日本は憲法で戦争の破棄が規定されていますので、日本国憲法の平和主義を見習いたいと考えます。

日本と韓国は同じ民主主義の国で、憲法の内容はほとんど同じです。

しかし、少し違う点があります。一つ目は、日本は内閣制度、韓国は大統領制度である点です。二つ目は、一九四六年に公布された日本国憲法は九条に「戦争の破棄」が規定されているため、平和憲法と呼ばれています。しかし、一九四八年に発表された韓国憲法は戦争の破棄は規定されていません。

最近、日本では、北朝鮮と中国の動きの影響を受けて、日本国憲法を改正しようとする動きがありますが、私は日本国憲法を改定しないでほしいと思います。

なぜなら、日本は自衛隊と在日米軍がありますし、世界的にみると「軍事力」はけっこう強い方です。何よりも戦争の恐ろしさを実感した私は、日本は、韓国のように戦争状況にならないようにしてほしいと思います。日本の「集団的自衛権」行使も心配です。同盟国が攻撃された時、その同盟国と一緒に反撃できる権利ですから、戦争に参加することができることを意味します。「他人に配慮する優しい人々が住んでいる日本」が、戦争でたくさんの人々が死んだり、家族や大切な物が失われることがないことを祈ります。

私は、今の日本の平和憲法を守ってほしいと願っています。

「衣」のような「繊細な国」

ニコール・フェッラリオ
（イタリア。カ・フォスカリ大学大学院・女・二十二歳）

「日本とはどんな国か」と聞かれたら、すぐに「日本文学」を思い浮かべる。なぜなら、「日本」に興味を持つようになった理由が「文学」だからである。

特に、「衣」の比喩について書きたいと思う。書きたいことは、単に着るものとしての「衣」だけでなく、「衣」が、比喩として、古代及び近現代の日本文学の中でどのように使われているか、についてである。「衣」が人間の感情を表す比喩として使われていると言われている。「衣」は、「日本文学」の中で非常に大切な役割を果たしていると思う。

私が「日本文学の中の衣の役割」というテーマに関心をもったのは、『和泉式部日記』に引用された一つの和歌を読んだ時だ。もとは『古今和歌六帖』に書かれた、次の和歌である。

「伊勢の海女の　塩焼き衣　馴れてこそ　人の恋しき　ことも知らるれ」

この比喩は私を驚かせた。筆者は「塩焼き衣に着馴れ、愛着を感じている海女」と、「恋人を愛している人」を重ね合わせたのである。

よく言われるように、こうした比喩はわれわれの世界観と考え方を構築している。たしかに、イタリアの文学やことわざなどには、「日本の文学」のような比喩が存在しないことに気がついた。イタリア語では、愛情は「衣」ではなく、蝶々や、雷、香水、お酒などで表現される。

これに対して、日本文化では、「衣」は人間関係と密接に結びついていると思う。作品によって、「衣」が比喩するものは違うが、いずれの場合も連れ合いへの愛情や自然への愛、寂しさ、懐かしさ、感動などの様々な気持ちを効果的に表現している。例えば、樋口一葉の『たけくらべ』では、二人の若者は言葉で自分の気持ちを伝えられないため、布の切れ端を通してそれを表現する。最初に紅の絹ハンカチ、その後、紅葉の形の友仙ちりめんの切れ端、最後に水仙の造花を交換し合う。熱情を表す紅色に対して、最後の白は熱情の終わりと若者の別れの象徴になるのだ。

これらの比喩の本当の意味が理解できたのは、私が去年、日本に留学した時だった。着物の帯を結ぶように、私も日本で一生忘れられない友達と絆を結んだ。また、自分の性格、アイデンティティ、季節などに合った着物と浴衣を着ることによって、日本の文化に直接触れることができた。「日本」は、繊細で、間接的に気持ちを表現する「衣のような国」だと心の底から感じる。

好きになれない「集団行動」

ルーツ・マリア・ハゼス・ファヤス
（コスタリカ。コスタリカ大学・女・二十四歳）

日本は「集団行動を大切にする国」だと思います。でも、どうして日本人はグループになって群れたがるのでしょうか。どうして自分の意見をはっきり言わないのでしょうか。日本のことは大好きですが、このことに関しては好きにはなれません。

私は日本の京都外国語大学に一カ月だけ留学したことがあります。そのとき不思議に思ったことがあります。休みの日や授業後など、いつも同じメンバーのグループで行動しているのです。コスタリカでも仲の良い友達グループはあります。しかし、日本はコスタリカに比べ、閉鎖的で排他的だと感じました。

私は哲学を勉強していますが、この日本とコスタリカの友達グループの違いに興味を持ち、日本人とコスタリカ人にアンケートを行いました。学校で友達グループを作る理由として、両国の違う点は、「日本人」は、自分と似た意見を持つ者と同じ時間を共有するためにグループを作るということです。「コスタリカ人」は、皆と同じ時間を共有することによって、自分とは違う意見や新しい知見を得るためにグループを作るということです。そのため、日本人の友達グループは、年齢や趣味、思想が似通った構成になります。逆にコスタリカでは、幅広い年齢層で各々の思想もばらばらです。

私が日本で友達グループに属して、良くないと思ったことは三つあります。

一つ目は、いつも同じグループだと新しいことに触れる機会が少なくなり、自分の世界が小さくなるということ。二つ目は自分一人の時間が少なくなること。

そして、三つ目に、自分の意見を持たなくなってしまうということです。日本の友達グループには、友達といってもヒエラルキー（階層）が存在しています。グループの中で自分の意見をはっきり言う者と、自分の意見を持たない者やあまり意見を言わない者です。日本の社会では「和」を乱すことは、良いこととは思われていないので、友達グループでも反対意見を言うことは難しいことなのでしょう。

しかし、私は自分の意見を持たないこと、それを言わないことは、自分自身にとって良くないことだと思います。もしリーダーがいないとき、自分の意見を持っていないとどうなるでしょう。いざ、自分の意見を持とうと思っても、急には難しいです。グループの中で皆が意見を持ち発言することは、「和」を乱すことではなく、新しい価値観を共有する新たな学びだと思います。

アニメは日本文化の「小さい窓」

ジョン・ハイロ・テズ・モンテネグロ
（コロンビア。カウカ大学・男・二十五歳）

高校生の頃、私は学校から帰って、「documentales de Japón」（日本についてのドキュメンタリー）というテレビ番組を見ました。それは、日本語を勉強する前でした。その番組では日本の日常生活を見ることができました。日本の日常生活は、簡単でも、面白かったです。そして、目を引かれたのは、日本の神秘主義だです。日本にはいろいろな建物が多くて、西洋人が注目する現代の文化と伝統が一緒に存在するエキゾチックな国だからです。

その時、日本について浅いですが、いろいろ知識を持つことができました。本やテレビのおかげで、美しい紙で作った江戸時代の城、折り紙、芸者、着物、が分かるようになりました。歌舞伎と能の演奏を見ていなくても、演劇者の外見を区別できるようになりました。

日本語を勉強することにした二〇〇八年に、日本文化について、少しわかるようになりました。アニメを見始めました。

アニメは日本の文化や宇宙観の「小さい窓」で、普通の西洋人でも、アニメのため、日本文化を知っています。日本に興味のある世代はアニメを見て成長しました。私にとっては、デジタルモンスター、ポケモン、遊戯王、犬夜叉、カードキャプターサクラです。「スタジオジブリ」の作ったストーリで、日本神話を知りました。

アニメは日本文化の普及手段ですが、同時に「誤解」の起源になってしまったと思います。なぜかというと、アニメをよく見ている人は、今の日本人の日本魂とどのように関係するか、を調べないで、その話を鵜呑みにしてしまっているからです。

それでは、「日本」はどんな国ですか？　「日本」を特徴付けるのは日本人です。西洋人にとっては、日本人は、躾が良かったり、丁寧だったり、綺麗だったり、責任をとること、などが特徴です。

性格の良い日本国民は外国人を魅了しています。その魅了のおかげで、外国人は遠い日本の言語を勉強する興味を持っています。私は日本へ行けるかどうかわかりませんが、それでも日本語を勉強することにしました。日本語は、どんな時も諦めたくなるほど難しい言語だと思います。母国語のスペイン語と比べたら、文法は違いますし、書き方は「漢字、ひらがな、カタカナ」の3つがあって、それぞれの使い方も難しいです。

それでも、諦めません。

きっと、いつか日本人と話せるようになります。特に、可愛い女の人と。

様々なことを学んだ「素晴らしい国」

リビウ・ブレニク
（ルーマニア。ブカレスト大学・男・二十二歳）

私は一年間、秋田県の国際教養大学へ留学し、様々なことを学ぶことができました。日本は「素晴らしい国」です。

一つは職場でのまじめさです。日本人はどんな仕事を与えられてもまじめに働きます。一番驚いたのはガソリンスタンドでの光景です。社員は毎回、車が出るたびにお辞儀をします。運転者が見ていないにも関わらず、お辞儀をする姿から、お客さまを尊敬していることが分かります。サービス業で、この姿勢はとても大切なことだと思います。

問題が起こった時や相手に対する接し方に感心しました。どこの国でも、いろいろなことでトラブルや問題はあります。悪いサービスを受けると、お客さんは怒って騒ぎになることもあります。ところが、日本で見たのは、確実にルールを守りながら、お客さんと一緒に問題を解決しようとする姿勢があります。

また、交通機関の時刻表は正確で、確実に目的地に時間通り着きます。ですから、全国を旅行する計画を立てることもできます。駅で見るいろいろなサインも分かりやすいと思います。関西から北海道まで旅をした時、道順を質問せずに旅することができました。

日本人はどこでも並ぶ傾向があります。新幹線やバスに乗る時、シュークリーム屋などでも、人はいつも並んで自分の順番を待ちます。混雑時でも問題なくスラスラと物事は進みます。レストランでは、いつも長い行列ができていましたが、待っている間に、ショーケースを見て何を注文するか選んでいました。

宿泊する場所は、たくさんの選択肢がありますが、私は、カプセルホテルが一番安く便利でした。一人で旅行をした時、安全で接客態度もよく、格安で泊まることができて助かりました。

日本では、カフェテリアやファストフードのレストランなど、食事をするところはどこでも清潔に保たれています。次のお客さんのために、すぐに、元のきれいなテーブルに戻します。学校でも生徒が掃除当番を決めて学校内を綺麗にします。このようなことを自分の生活に取り入れるのが大切だと思います。

しかし、日本では若者の数が減って、高齢化社会という大きな問題を抱えています。田舎では学校、病院、ガソリンスタンドが少なくなり、生活しずらいところもあり、また観光客も集まりません。

このような問題を解決することができれば、日本はもっといい国になります。

憧れ、恐怖、そして「貴重な国」

ヤクブ・ヴェンツル
（チェコ。パラツキー大学・男・二十五歳）

「日本」は私にとってどんな国なのか。今の答えと一年前の答えと十年前の答えは、それぞれ違うことに気付きました。

十年前の答えから始めよう。当時は高校に通っていて、十五歳の私は、人生はなんか苦しくて悲しいことではないかと思っていました。どこかに逃げたいという気持ちになって、ちょうどその時には「日本」に憧れ始めました。苦しい時は日本語の学習に没頭して、日本語の言葉に優しく慰めてもらいました。当時は「日本」が逃げられる領域だったのです。

時間が流れていて、高校での四年間はあっという間に経ちました。高校を卒業した私は、言語が大好きだし、日本語が長い間私の心を慰めてくれたし、「どうして『日本語』選ばないのか」、という考えが私の頭に沸いてきて、日本語を大学の専門として選びました。

その時までは、日本に憧れていても、実際に行ったことはありませんでした。でも大学の学習の一環として、日本での留学は可能となりました。私は何年間も頑張って、留学はようやく決まりました。二〇一六年三月から半年間、東京の学習院女子大学へ留学することが決まりました。（修士課程は男性の入学が可能です）。

私は勿論嬉しかったです。しかし、不安もありました。私が想像している「日本」と「実際の日本」はどの程度違うだろうか、という疑問が生まれました。出発の日が近づけば近づくほど、疑問は、不安になり、段々恐怖になっていきました。失望するのではないか、という恐怖でした。ちょうど一年前のことです。

しかし、「恐怖」は結局杞憂でした。日本での留学は、私の今までの人生の中で一番素晴らしい時期でした。十年前、逃げられる領域として日本を選んでよかったです。絶対に良い決断でした。

本題に戻りましょう。作文のテーマは「日本はどんな国だと思いますか」という質問です。今の私にとって、日本は非常に「貴重な国」です。日本に関する思い出は、私の人生を豊かにしてくれます。日本のことを考えると、思い出が一つ一つ浮かんできます。神楽坂の阿波踊り。展望台からの東京の夕暮れ。横浜のネオン。蝉の鳴き声。苦しい時、そのことを思い出すと、苦しみが半減します。

【三等賞】―海外の大学生

大切な「人と人の距離」

魏 厚静
（中国。西南交通大学大学院・女・二十五歳）

日本人のコミュニケーションは、互いに一定の「距離」を保って、挨拶や敬語などで、秩序ある人間関係を築いている。互いの絆を保ちながら、相手を遠ざけたり、近寄せたりするようだ。

昨年六月、広島県立広島大学へ短期交換留学に行った時、迎えてくれた先生はこう言ってくれた。「うちの学生はあまり留学生とは喋らない。相手にしたくないという気持ちからではなくて、ただシャイだからです。皆さんは是非、先に声をかけてあげてくださいね」。先生が言った通りだ、と私は最初の一週間で感じた。授業の時、一緒に座ったとしても、用事がないと絶対先に口を開かない。また、同じ授業を受けたばかりなのに、廊下で出会っても、無表情に擦れ違う。中国では、少なくとも互いに軽く頷いて、挨拶するだろう。「よそよそしいね」と思った。「こっちから先に話しかけると嫌われるかな」と心配になって、ついに挨拶も口に出せなかった。

「なぜ？」という私の謎を、留学生の先輩と先生が解いてくれた。

日本人は、人との距離を見積もりながら、人と付き合い、人間関係の「和」を保つらしい。相手の反応を見て、意思を理解してこそ、礼儀正しく付き合いができる、と考えているのだ。そこまで親しくなければ、度を超えた行動を取らない。日本人はコミュニケーションをする時、受動的で、自分の行動を他人に頼る傾向が強い。他人が先に付き合ってくれないと、こっちはずっと待っていて、互いに沈黙に落ちてしまう。外国人が、日本人は付き合いにくく、親しみに欠けていると感じるのは、そういう文化による、人と人との「距離」に対する認識の差のためだろう。

日本人は、あまり親しくない人には、矛盾や衝突を避けようとして、距離を置いて、周りの人間関係を維持している。しかし、対面の接触が消極的で、受動的である日本人だが、手紙・ハガキなどを書く習慣があり、頻度も中国よりだいぶ高い。出産祝いや結婚祝いなどのハガキはデパートでも売っている。新年には年賀はがきを出す。「付き合い」を大切にして、めでたい時は、相手への祝福の気持ちを積極的に伝えようとする。

日本に留学して、人と人の「距離」が人間関係を築く上で大切であること、そして、それを正しく理解することが、異文化コミュニケーションにとっても重要であることが分かった。

「和歌」のある大好きな「日本」

王宏斌
（中国。北京第二外国語学院・男・二十歳）

日本と言えば、アニメやらアイドルやら化粧品やら、いろいろな現代ファッションは、いま中国で人気を呼んでいる。しかし、私の好みからすると、日本の古典文学には格別な魅力がある。それは、「和歌」です。日本民族の誇りの芸術として、世界文学ファンに深く愛されている。「和歌」は日本文化の中でも、「最もきらびやかな真珠」だと思う。

歴史上、中国文化の影響を受けて、「和歌」は、中国の詩歌と似ているところが多いが、日本の特別な自然環境の影響もあり、「物のあわれ」の美学精神が働いている。中国人の私にも、「和歌」は独自の味わいがあり、末永く衰えない芸術だと信じている。

日本は海に抱かれて、山や川が多い島国だ。大きい山、大きい川ではないが、大昔の人々はずっとそこに住んでいる。山、川に特別な感情が生まれて、言語の発展につれて、その感情と人の情感が組み合わされて表現されるのが、美しくて細やかな「和歌」だ。

例えば、「田子の浦に　うち出でて見れば　白妙の富士の高嶺に　雪は降りつつ」

という『百人一首』の、「歌聖」と言われる山部赤人の「和歌」を読むと、「純粋な自然の魅力」が長い絵画のように、ゆったり浮かんくる。「田子浦の海岸を経て、遠くに見える富士山の頂上の雪、それはまるで美人の肌のように真っ白で、静粛に眠れる少女のような富士山」と歌っているのだろう。人々の胸を打つ和歌だ。

もちろん、景色だけで、そんな「みやびな和歌」を作ることはできない。もう一つ必要なものは、「物のあわれ」という美学精神だ。日本は自然災害が頻発する結果、寂しい感情の美しさを追求する「和歌」が多い。その感情は、一瞬の美を推奨して、中国から伝わった仏教に影響されて深く脳裏に根ざした物悲しい美しさとなって表現される。

現代の人々は新鮮なものを求めて、昔の賢人が書いた書物は軽視されがちだ。

しかし、芸術的価値の高い日本古典文学形式の一つである「和歌」は、日本だけでなく、世界中の人々にとって、学習したり、味わったりする価値のある文学だ。

「和歌のある日本」は私の大好きな国だ。

「言葉の力」を教えてくれた『日本』

李 丹
（中国。創価大学大学院・女・四十一歳）

日本語と出会ってから、二十年経った。去年、桜が満開の頃、留学生として再び日本の土を踏んだ。当時の若者はもう若者でなくなる今の私は、目を閉じて、この一年間の研究生活を振り返ってみると、共に過ごしてくれた日本の若者たちからいただいた言葉は、心を深く温めてくれた。日本語の「繊細の美」は日本の文化や社会の変化と深く絡み合っているということを、再認識することができた。

朝一番、特に疲れていなくても、「お疲れ～」と元気な声をかけてくれる。心が温かく感じられる瞬間。私も「お疲れ様～」と楽しく返す。

放課後、「一緒に映画とか見に行かない？」と誘われることがある。たった一つのことでも、「とか」が使われる。自分の意志を相手に押し付けないように、何か一種の軽い気持ちから選択権を与えてくれているように感じる。一緒に食事した時、「ここのケーキ、美味しい？」と聞いてみたら、「美味しいかも。」という返事が返ってきた。友達の連帯感を確かめたり強めたりするために、断定しないで、自分の意見をぼかして、衝突のリスクを軽減しているように感じられる。

自分の意図を伝達する場合に、思いやりを込め、相手との良好な関係を築くことに配慮して、「ヨコ」の人間関係を重視する日本語の配慮表現は、すでに若者の間で流行しつつ、徐々に定着してきている。しかし、外国の日本語学習者にとって、言語現象の背後に深く潜んだ日本文化の特質をよく理解しなければ、コミュニケーションの摩擦や衝突を招きかねない。従って、日本文化の特質をよく理解すれば、対人コミュニケーションも円滑に行うことができるし、心も響き合うことができるはずだ。

「デジタル版・日本語教材『「日本」という国』を読んだ。その「六章・三節」に、「日本人の人間関係は、遠慮・敬遠からだんだん親密な間柄へ進むのが自然だ」という意味深い文が書かれている。読んで、日本語の独特な「繊細の美」に気付いた。相手の立場に立ち、相手の気持ちになって考え、自分自身の品格も保つ若者言葉は、まさに時代の流れに合わせ、平和な世界に自然に定着していく。

人々との一瞬の出会いを大切にし、共感の輪を広めていくということも、日本語から学んだ。世界中の若者たちは、言葉の力で文化や習慣の違いを乗り越え、心をつなぎ、世界をつなぎ、そして未来をつなぐ金の橋を架けてほしいと願ってやまない。

『日本』、ありがとう。

【三等賞】――留学生

思いやりの「重ね」文化

鄭 敬珍
（韓国。法政大学大学院・女・四十歳）

来日してもう五年になる。日本に留学し、生活しながら母国・韓国とはっきり違う日本特有の生活文化に日々気づかされている。それこそ、日本・日本人を理解するために知っておくべき日本の「魅力」と言えるかもしれない。

日本・日本人の魅力を一言で説明するのは困難だが、私は「重ねる」ことにあると考えている。何においても「重ねる」ことで、その本質や中身をむき出しにせず、より美しくみせるのである。

例えば、日本で買い物をする時、丁寧に包装してもらい、手提げまでもう一枚もらえる場合がある。日本における包装という「重ね」行為は、単なる飾りではない。中身をいかに美しく、気持ちよく相手に伝えるかだけでなく、その中身の有する価値を知ってもらおうとする真心の込められた行為である。用途に合わせて選ぶことのできるお祝儀袋も日本特有の「重ね」文化の象徴といえる。古くからいえば、着物の重ね襟や重ね着などもあり、「重ね」から日本人の美意識がうかがえる。

日常生活でも、このような「重ね」文化は容易に発見することができる。例えば、日本では挨拶の際に何度も互いにお辞儀をし、挨拶の言葉を交わしている風景を見かける。また、普段の会話の際にも、日本人は一から十までのすべてのことを言わない傾向がある。それは、相手に「察して」もらう余地の部分を残したまま、「重ねて」言葉を交わしていくためである。この時の「重ね」行為は、自分の考えや理解をそのまま通すことなく、相手の理解を得ようとする配慮を基に成り立つのであろう。

自分の意見を結論まできちんと言えるのが大人という韓国の文化で育った私は、日本人のこのような「重ね」会話を非常に不思議に思えた時期もあった。しかし、日本で生活しながら「重ねる」という行為は、相手に対する「思いやり」から出発する概念であることが分かった。

日本語の表現をみても主語は「私」ではなく、「相手」になる場合が多く、私は相手から「〜していただく」立場に置かれる。これは相手と言葉を重ねていくための一つの工夫であり、このような言葉の重ねによって成り立つ会話は、相手に対する「思いやり」と「感謝」の気持ちを忘れないための工夫であるかもしれない。

これからも日本の「重ね」文化の魅力が世界に発信されることを期待する。

笑顔で接する日本人

ドウニョン・ゴッドフリッド・チョトンノボ
（ベナン。京都大学大学院・男・二十七歳）

日本は常に世界を驚かせてきました。ベナンにいた時、日本語は特殊な言語で、日本は珍しい国、と思っていました。日本について知っていたすべてが真実であることが判りました。「日本人は一日に二十四時間働いている」という噂を聞いていたのですが、日本に来てみて、それは本当でした。京都の百万遍の周りに、一ヶ月で建設を終えた建物ができましたが、みんながかんばったからでしょう。私の国・ベナンでは、そんなにがんばる力を見たことがないです。信じられないことでした。

また、日本人は仕事ばかりで、楽しみがないと言われていますが、国民の祝日も多く、ゴールデンウィークなどは、仕事を休んで、旅行したりしています。京都には祇園祭、時代祭、葵祭などがあります。日本人はお祭りを楽しんでいます。お寺や神社が沢山あります。私は銀閣寺が好きです。

日本人は、生活のための仕事と楽しみを組み合わせることで、いつも笑顔で他人と接しているのに感心しました。日本人は、いつも相手の気持ちを悪くしないようにしています。

日本では、自動販売機はどの町にもあり、またロボットが想像以上に優れていて、銀行やスーパーでは、お客様に話をして、仕事するのにびっくりさせられた。ベナンでは考えられません。

日本は経済的に三番目の国であり、先端技術はどの国よりも強いです。子供の頃から、日本のアニメを見ていました。ワンピース、デスノート、ドラゴンボール、ナルトなど。私がこれまで見てきた一番好きなアニメは「ナルト」です。なぜ、「ナルト」が好きなのか。ある村の火影（ほかげ）になるのを夢見る野心的な少年の物語です。悪魔の狐の皮に覆われているため、村人から嫌われていましたが、忍耐強く頑張りながら、少年は夢を果たし、村全体を驚かせました。彼の忍道の話は、私に日本への情熱を持たせました。このアニメに感激して日本語を学び、日本に行きたい、と思いました。

日本は「四つの季節」があり、春には桜の世界が現れ、花見に行きます。夏は暑くて少し過ごしにくいです。秋は、黄色の葉と紅葉の美しい風景があります。寒い冬は雪が綺麗です。

日本は火山、津波や地震などの多い国ですが、予知や災害予防の研究が進んでいます。食べ物も、鮨、ラーメン、牛丼、豚肉、焼き鳥やなど、おいしいものがたくさんあります。

これからの日本で生活する「ユニークな冒険」が楽しみです。

残してほしい「農村の原風景」

ディン・ティ・トゥ・ホアイ
（ベトナム。佐賀大学大学院・女・二十六歳）

私は、ベトナムの大学で、第二外国語の選択科目で日本語を選びました。日本語学習期間は三年半くらいでしたが、日本のラジオを聴いたりする習慣を付け、その後、石川県の国際交流センターで二カ月半、日本語や日本文化を学ぶ機会に恵まれました。そして、去年、佐賀大学の農業研究科に入学しました。「有機栽培に関する研究」をしています。

実際に農場で研修したり、山奥の村まで行って、日本の農家の人々と話したりしています。他の留学生と違う体験だと思いますが、人々と自然が調和しながら共存している日本の里山の景色が大好きです。小川のせせらぎ、田畑、きれいな空と夕焼け、鎮守の森、よき隣人、そして井戸水など……現代の都会より純粋な日本の原風景が見えてきました。自然に囲まれた優しい風景は、「瞼の中のふる里」の風景です。それは目で見るより、心で感じるものです。アジア人は、郷愁を抱かされます。

ただ、社会発展とともに、そういう景色がだんだん忘れられる傾向があって、それは時代の流れというもので仕方がないと思っていました。しかし、九州地方で農業調査を実施して、少し考えが変わってきました。日本の農家のおじいさん、おばあさんは、『日本は便利さと引き換えに、昔からある大切なものを失っている』とよく話していました。ベトナム人の私は、「日本はとても便利な国じゃないですか」と最初は納得できませんでしたが、農業に関わる研究をする中で、ようやく理解することができました。一例を挙げると、「食」と「農」が離れているという問題です。

現在の日本社会では、「食べ物」が、「食料」になり、「食品」に形を変えていく中で、その原点にある「農」を意識することが難しくなっています。本来、「食べ物」は「農業」で作られるものです。一年を通して、スーパーに行けばなんでも安定的に食品を購入することができる便利さの半面、本来「食べ物」の持っている「旬」が失われているのではないでしょうか。

一方で、農家から届く四季折々の「食べ物」は、農家の人々の優しさを感じることができます。

農家のおじいさん、おばあさんが言っていたように、私たちは、便利さを追求する中で大切なものを失っているのかもしれません。日本の農村は、忘れがちな大切な価値を思い出させてくれる存在です。日本は、今後も、農村風景を、「旬」の大切さを、農家の人の思いを、残してほしいと思います。

【三等賞】—留学生

持ち帰りたい「思いやり」

張 淑婷
（中国。関西大学大学院。女・二十五歳）

私が初めて日本の成田空港に着いてからあっという間に、もう四年間が過ぎた。日本に来た最初の何ヶ月、私の日本に対する認識に大きな変化が起こったことを今でもよく覚えている。

多くの留学生は私と同じく、日本にきてから次のような現象に気付いたことだろう。

日本では、道にゴミ箱はなく、ゴミは家に持ち帰って自分で処理しなければならないものである。エスカレーターでは、一つの段に一人だけ立ち、右側は急ぐ人のために譲るものである（関西の場合は逆で、左側に譲るものだ）。そして、知り合いでなくても挨拶は交わすものである。また、電車などの公共の場所では通話は禁止である。そのほか、どんなに怪しい服装をしていても、皆から変な視線を受けないものである。もちろん、このような例を挙げたらキリがない。このような日本の出来事には、実は共通点があるのである。それは、「相手に面倒をかけないように」ということなのである。このような考えを理解することは、日本人と上手く付き合うコツだと思われる。また、これが理解できれば、日本にきてから疑問に思ってきたいろいろなことが不思議ではなくなるだろう。

だから、私が日本から持ち帰りたいものは「相手に対する思いやりの気持ち」である。中国では、民族極端主義者がメディアで日中の歴史をすさまじく捻じ曲げて報道し、中国人は、日本というと恐れてしまう。しかし、一度日本で生活をしている日本人たちに近づくと、日本人の温和さ、謙虚さ、平和思考などの印象を受ける。

しかし残念ながら、中国人にこのような美徳は見ることができない。せめて、日本人のように他人の立場を考えるということができるようになればと、思わずにはいられない。なぜなら、「思いやり」は日本人の国民性として世間に認められ、その心は称賛されている。

これから、多くの留学生は日本から母国に帰る時に、私のように日本から持ち帰りたいものをカバンに入れて運ぶことを望む。私たちにとって一生有益であり、人々への影響は計り知れないと思われるだろう。

【三等賞】―留学生

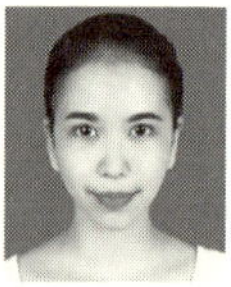

素晴らしい「笑顔文化」

呉　朗静
（中国。首都大学東京大学院・女・三十歳）

文化は、人間が特定の自然、社会環境に適応して、形成されてきたもので、また、日常生活の中で人との接し方に体現されています。「文化に貴賤なし」ですが、多文化の知恵を吸収して、自文化を発展させることも大事だと思います。普通、自分の慣れっこ文化環境から離れたことがなかったら、自分の母文化と比較して、反省することはなかなか難しいと思います。

もし、私は日本に留学に来なかったら、多分、日本の文化の角度から改めて中国に存在している問題を反省することもできなかったでしょう。そして、この異文化に対する疑惑、抵抗、思考、バランスという苦しい過程を経験した後、日本の文化の知恵が私の力になれなかったでしょう。たとえば、「笑顔の力」は、日本人が私に教えてくれた「どんな問題にも解決できる不思議な魔法」です。

中日両国は一衣帯水の隔たりがあるだけで、文化では全く違う国だということです。中国は極めて不安定な歴史を経験してきており、戦争や紛争が多かった国で、近年の経済の高速発展により、多くの人たちが、それを利己心、わがまま、自己中心主義といったものをもたらすとみているが、人に対する「笑顔と思いやり」をだんだん忘れていく傾向が自分自身も厳しく感じています。

日本の町並みの静かさと清潔さ、世界一と称される日本人のマナーに感嘆させられました。特に、毎日、日本人の親切で温かい笑顔に励まされました。しかし、最初、私は同じように元気な笑顔で返事をすることできませんでした。毎日アルバイトで疲れて、よく店長に叱られたり、生活や勉強も色々な悩みがあったり、どうして笑えるのと、愚痴ばかりこぼしていました。しかし、周りの人の笑顔が毎日、私の心を温めてくれました。私も笑って見ようかと思って、最初は、無理に笑顔を作ったリしました。気分が落ち込んだり、辛いと感じる時、無理にでも表情筋を動かして笑顔になることで、自然と気持ちが軽くなりました。同時に、まわりの人も私を好きになってくれました。

最初は笑顔をつくっていたとしても、後は、楽しい出来事が多くなってきて、本当に心から楽しいと思えるようになりました。仕事や、友人、恋愛関係でも、実際にプラスのことが増えてきました。笑顔には笑顔が集まって、不思議と「幸せ」の輪ができました。

笑顔で色んな事を乗り切れる日本人。日本の「笑顔文化」が素晴らしい。

日本で学んだ「こだわり」

徐佩
（中国。高知大学・女・二十一歳）

昨年九月、私は交換留学生として高知に来た。みんな親切で授業も充実していた。寂しいのでは？　と心配する両親に「心配しないで」と伝えたが、心の中には、手を傷だらけにしながら働く両親の姿がいつもあった。そんな時、先輩がファミリーレストランのアルバイトの紹介をしてくれた。時間も授業前の朝だけである。私は喜び勇んでその店に行った。

ところが、女性の店長さんは、私が携帯電話を持っていないと知ると、いきなり、厳しい言葉で、「雇えない」と言った。日本人は、こんなに冷たいのかと愕然とした。朝の勤務なので連絡が取れないと支障が出るという理由だった。しかし、パソコンでメールのやり取りができる、ともう一度頼んだら、試用期間を設けて渋々引き受けてくれた。

そして始まった朝六時半からのアルバイトは想像以上に大変だった。いつも叱られた。例えば、店の掃除の時、ドアの掃除は、ガラスとドアノブを拭く布を違うものにしなければならない。モップで床を拭くときは、左から右に拭くこと、などだ。「日本人はどうしてそんな小さいことにこだわるのか」、正直そう思った。しかし、店長は、その理由を私に丁寧に説明してくれた。「人の手に触れる場所は、清潔でなければならない」、「店の右側に商品があるから、最初のモップは水だらけなので、もし右から始めたら、その瞬間、水が飛び散る。だから、埃と水が飛び散らないように左から右へ拭く」ということだった。

「こだわり」は、中国語では「拘泥」で、よくない意味だが、私は、次第に、日本人の「こだわり」を理解できるようになった。「こだわり」があるからこそ、周りに妥協しないで、真実を追求できる。

店長の厳しさの中にある優しさを感じるようになった時、店長が代わった。男性の店長は、私の掃除を褒めてくれ、バイトは順調だった。ところが、ある日、私は大きな失敗をした。モーニング終了の十分位前、モーニングメニューにない料理の注文を私は勝手に判断し引き受けた。店長に、「ルールは守らなければならない。一つ例外を作ると、それはルールではなくなる」と注意された。

日本人の自分自身への厳しい「こだわり」が、日本の技術や文化、人々の生活を支えているのだ、と実感できた。先日、見た「雛祭りの人形」は、小さな飾りも本物のように繊細に作られていた。

日本はいい意味で「こだわりの国」だと思う。私も真実に向かって「こだわって」生きていきたい。

生きる力をくれた「勤勉なお婆ちゃん」

サロル・ボロルマー
（モンゴル。東京外国語大学大学院・女・三十歳）

東の空に太陽が昇って、都会に忙しい一日が始まる。どこを見ても、あっちこっちへ急いで歩いたり走ったりしている人々の姿が見える。ここは日本の東京都である。

私は日本に留学してちょうど一年間経っている。初めて海外にきて、生活をしている私に不思議なこと、驚くことがたくさんあった。例えば、電車に乗り、自動販売機で飲み物を買い、高層ビルを見て首が痛くなり、びっくりしたことがたくさんあった。

でも、私は一つだけ、本当に感謝し、喜び、感動し、忘れられない思い出ができた。一人の「お婆ちゃん」だ。

日本に私費で勉強している私のような留学生にとって、バイトをして、生活費を稼ぐしかない。発展途上国から来た私は飛躍的発展した国である日本に留学するのは、運かもしれないけれども、逆に、大きなリスクがあるのも事実だ。いつも、両親にお金を送ってもらうのは無理なので、バイトを探して、やっと見つかった。それは、清掃の仕事だ。最初は、仕事をして、その給料をもらうのは本当にうれしかった。

しかし、仕事をし始めてがっかりした。若いなのにトイレの掃除するのが恥ずかしかった。毎朝四時に起き、バイトへ行き、終わったらすぐ学校へ行く。本当に苦しかった。このバイトを辞めたい気持ちが毎日あった。『嫌いなのに、どうして今まで働いているの』って、思われるかもしれない。理由は一つしかない。それは一緒に働いているお婆ちゃんだ。毎朝、化粧して笑顔で仕事をする七十五歳のお婆ちゃんは、仕事場まで自転車で走って来る。走ったり、歩いたりしながら仕事をするのは誰より元気である。私は、このお婆ちゃんを見ると幸せになる。元気になる。本当に頑張る気持ちがわいてくる。

お婆ちゃんは、いろんな話をしてくれた。『私はいつ死ぬかわからない。朝、目を開けると、嬉しくて神様に感謝する。毎日満足な生活を過ごしたいと思う。家で何もしないでいるのは嫌い。私は人間だから、他の人々と同じように動きたい。人の一生は短いものである. 幸せな生活はないけれども、幸せな一日がある。だから、今生きていることを喜んで、満足な気持ちで生きるのは一番大事なこと』。

私は、この話を聞いて自分が恥ずかしくなった。私は、このお婆ちゃんと一緒に働いてから、人の生き方について考えるようになり、そして、仕事に対して、やりたい気持ちがわいてきて、一生懸命がんばるようになった。お婆ちゃんの話からたくさん教訓を汲み取ることができた。

私は、お婆ちゃんのおかげで、生きる力が出てきた。

私は、一人の「日本人のお婆ちゃん」の勤勉な性格、優しい気持ちを忘れずに、頑張っていきたい。

【三等賞】—留学生

「新」から「信」の国へ！

ジョン・ハンモ
（韓国。京都大学大学院・男・二十九歳）

日本に留学していると、日本語に「新」の入った単語が目につく。新聞、新鮮、新商品、新幹線、新入生、新郎新婦、新宿、新大阪、大化改新、明治維新など、数えきれないほど多い。その中でも、毎年の春が来る度に、私の目を引く「新」がある。「新卒」である。

この単語は、日本と同じく漢字圏である韓国出身である私にとっても、日本に来て初めて知った単語である。日本人の友人曰く、大学卒業を予定している者を予め採用するのを「新卒採用」制度という。確かに「新」好きの日本に相応しい採用制度なのかもしれないが、果たして「新卒」で、いい人材が選び抜けるのかと疑わしい気がする。

近年、企業活動においてグローバル化が進み、各企業は全世界を舞台に活動している。日本においても、日本企業の海外進出は、二〇〇一年から二〇一一年まで二・二倍増加した約二万二千社に至っている、という数字がある。このような時代に必要なのは、国際的な人材である。国際的な人材とは、他国の「人と文化」に対する深い理解を持っている人である。こうした国際的な人材は、桃太郎のように突然生まれてくるのではない。少なくとも、一度母国から離れ、ある程度の時間を他国で過ごしながら、様々な経験を積み重ねていくという、熟成の時間が必要なのである。

日本企業の海外進出は毎年増え、国際的な人材へのニーズは高まっているというのに、日本の場合、国際的な人材養成があまり進んでいない。海外で活躍できる日本人の若者の数が増えてない。二〇〇四年に八万人に達した日本人の留学生数は、二〇一一年六万弱まで縮んだ。二〇一五年に八万四千人になったが、特に増えているわけではない。不思議に思いその理由を調べると、「留学すると（留年する可能性が高くなるため）就職に不利だから」（文部科学省、二〇一四）という事情があるらしい。

私は「新」好きの日本社会が若者たちを、「待つことができない」のが問題ではなかろうかと考えている。「待つ」は「信じること」と等しい。日本社会は、日本人の若者が安心して海外で様々な経験ができるように、「待つ」という社会的な状況を構築する必要がある。長期的な観点から、これは日本がさらなる発展を成し遂げるための土台になるに違いない。

今までの日本が「新」の国だったとすれば、これからは「信」の国になってほしい。

【三等賞】——留学生

素晴らしい「規則」の国

何旭
（中国。早稲田大学大学院・男・二十二歳）

日本に来る前、日本社会は規則が厳しく、人々の生活の至る所に規則が存在し、みんなロボットのように生きているという話をよく耳にした。日本の学校や職場で制服やスーツを着ることはその代表例の一つだと思う。例えば、学生たちは、学校では制服だけではなく、靴や靴下まで校則で定められているものを着なければならないことが多い。「規則正しい国民性」、これは昔から中国人が抱いている日本人のイメージだ。

一九八〇年代から中国人は「日本式の規則」の素晴らしさに憧れていたが、近年では、日本の厳しい規則に対して、批判も多くなってきた。これは日本の経済状況と関わっているのかもしれない。日本社会は、複雑なルールのせいで、活力がなく、杓子定規な人間が集中しているところだと捉えている中国人が少なくないのだ。確かに、規則が厳しくなると、人間としての自主性が抑えられる可能性は否めない。しかし、規則のメリットとしての「安定と効率」を無視できないと思う。だから、日本の規則は素晴らしいものだ、と私は思う。

社会のルールを守ることは、普段の生活の保障ではないだろうか。人類の歴史からみると、人間は、規則がなければ、社会が混乱するはずだ。日本では、駅の乗車口やスーパーでレジの前、どんな場合でも、人が多くなると、必ず行列ができる。私はこういうところに感心している。「ちゃんと並ばなければならない」というルールは、人々の生活を整えているのではないだろうか。争わず、静かに自分の番を待つという行動は、社会に安定と効率を与えると思う。つまり、定められたルールや秩序がなければ、諸々の事故が生じやすく、仕事の効率はもちろんのこと、社会の安定も脅かされるではないかと考えられる。

自分の専門が法学なので、日本の法律についても多少の知識がある訳だが、現在の日本の法律は百余年の努力の結果である。明治維新以降、西洋式法律を導入した日本は、無数の判例や法律改正を重ね、一歩一歩、現在の法律を作り出した。法律は規則の一である。そして、世の中に存在する規則にはそれなりの存在意義があると私は考える。「日本式の規則」には日本人の文化と知識の蓄積が介在している。日本に留学している私は今後も引き続き日本式規則を勉強したいと考えている。

私の人生に「大きな役割」

コマロフ・ミハイル
（ロシア。創価大学・男・二十二歳）

日本という国が私の人生の前に現れたのは、モスクワ大学付属アジア・アフリカ諸国大学に入学する前だった。中・高等学校の時、外国史に関する教科書には「どうして西洋の歴史が大部分を占めるのだろう」とよく思った。日本史に関する情報をもっと増加してほしい。日本史はロシア人がもっと大切にする必要があるのではないかと思った。

高校生の時、私は極真会空手道のクラブに通いはじめた。空手は、日本の伝統的な武道の一つである。私は練習の時に初めて「日本語」の言葉を聴いて、畳に立つ相手がお互いにする「礼」なども見た。空手は日本に対する私の興味をすごく高めた。空手が私自身の勇気を育て上げて、気概を増強したと思う。そして、日常生活の中で、私の中で「不退転の心」を作り出してくれたと思う。

モスクワ大学に入学して以来、皆もそうだが、日本の歴史や、文化、経済、政治などを精一杯勉強している。日本についての研究は、きちんと私の視野を広げたという結果が与えられて、歴史的な出来事や歴史に残った人物に対する私の見る目も変わってきたと思う。

日本での二年間の交換留学は日本に対する興味をもっと高めてきた。来日する前に、何年間も、毎日のように多くのことを勉強してきた。来日してからは、ロシアで得た知識を初めて実際に体験できたことが何よりも嬉しかった。

教科書で読んだ名所を自分の目で見る時や、日常生活で日本語を使う時には自分の意識が変わる気がする。日本に住めば住むほど、自分が日本の研究に傾注する希望が私の中でどんどん強くなっていった。同時に日本に関する知識が足りないということも感じたし、日本の様々な分野をもっと研究していこうと思うようになった。

日本は、やはり私の人生に「大きな役割」を果たしているとはっきり言える。「日本なし」の私の人生は私の人生じゃない気がする。将来も日本の研究を続けて、自分の専攻とのかかわりのある仕事を見つけたいと思う。

【三等賞】―留学生

素晴らしい「四季の変化」

支 元辰
（台湾。関西大学大学院・女・二十八歳）

私にとって、「日本」は、「四季の変化」の素晴らしい国、だと思います。

私は大学から日本語の勉強を始め、学校の日本文学課程を通じて、日本の現代と伝統をあわせ持っている文化に触れ、川端康成さんの「古都」を読みました。京都を舞台にした物語で、美しい四季の移り変わりを文章を通して感じることができ、主人公達の繊細な会話を読んでいて落ち着いていく、静かな雰囲気のある味わい深い作品です。

台湾は、一年中暖かくて晴れた気候ですので、私はこのような季節の変化を、実際に体験したくて、日本に関することにとても興味を持つようになりました。

大学三年生の夏休みには、東京へ短期留学に行きました。ちょうど海のシーズンで、祭りと花火大会がありました。台湾では、夏だけ営業している海の家や周辺の海が見えるカフェなどは少ないので、友達と海水浴場に行って、ドラマみたいな開放的な空間で皆とのんびりと一日を過ごしたのは、私にとって初めての夏の体験でした。そして、私の住んでいた近所で盆踊りがありました。住民の高校生が和太鼓を披露し、昔ながらの和太鼓のリズムに合わせ、輪になって「盆踊り」を踊って、夜風の中、地域の人々が家族のように揃って楽しんでいたのが、とても印象に残っています。日本人とお互いに助け合いながら生活することで日本人の礼儀正しさ、気品ある姿を目の当たりにしたため、日本事情について更に知りたい気持ちが強くなりました。

二年前、大学院に進学するために、仕事をやめて日本へ留学にきた時は、秋でした。私にとって、日本の秋といえば、紅葉ではなく、文化祭です。台湾では、このような活動は参加者は多くないです。しかし、日本の大学の文化祭では学生たちがイベントを計画し、自分がやると決めたことを最後まで真剣にします。

学校は小さな社会なので、他人と考え方が違ったら、自分が正しいとを思っても、自分の考え通りに進むことは難しいです。日本の大学の文化祭を見て、学生自身がお互いのことを認め合うように努力していることを知り、私は強く応援したいと思うようになりました。

冬の雪、お正月、春の桜、新しい年度、日本の季節は時間がゆっくり過ぎていきます。

「デジタル版・日本語教材【『日本』という国】」を読みましたが、日本で長年にわたって受け継がれた年中行事や、いろいろな和食、季節ごとの豊かな生活などを知ることができます。日本人のライフスタイルが、身の周りのことも含めて、どんどん変化して、四季折々の旬を楽しむ生活をしていることは、本当には素晴らしいと思います。

すばらしい「お握り」の国

ハディール ファテヒ アブドアーラア
（エジプト・社会人・女・二十三歳）

「日本」についてのイメージは、アニメ、寿司、漫画、桜、富士山、技術、などが多いと思います。これは「日本の外」から見たイメージだと思います。私はカイロ大学で日本語を学び、一年間の横浜国立大学に留学する機会を得ました。私は実際に「日本の中」から、「日本」を知ることができました。

「日本」には「お握り」というご飯を固く握って味を付けた食べ物があります。ご飯の中に、何が入っているか見えないのです。おいしい魚や肉や野菜が入っていて、周りを海苔で包んでいます。私はお握りが、大好きです。どこでも食べれて、とてもおいしいです。「お握り」と「日本」はすごく似ていると思うので、「日本」は「お握りの国」と言いたいです。

日本は世界の東の端にある島からなる小さな国です。そこに一億を超す人々が住んでいます。日本の国は山が多いので、人々はほとんどが平らな土地に、まるで「お握り」のように、固まって住んでいます。

そんな日本で、人々は時間を守り、規則を守り、とても真面目に働いています。たくさんの人が都会に住んでいても、うまく社会がまとまって進んで行きます。留学中、夜遅く帰宅しても怖くないし、とても安全でした。また、日本の技術の進歩は日本人の真面目なところから生まれたのでしょう。

そんな日本人は私達エジプト、エジプト人にどのようなイメージを持っているのでしょうか。ピラミッド、スフィンクス、砂漠、ナイル川がほとんどでした。エジプトがアフリカ大陸にある事を知っている人は半分ぐらいです。半分の人はヨーロッパ大陸にあると思っているのです。エジプト人の多くがイスラム教徒である事もあまり知らないようでした。エジプトの有名なコシャリという料理も知っている人はほとんどいませんでした。日本人には、本当のエジプトを知っている人はあまりいませんでした。

日本は「お握り」のように沢山の物がつまって、すばらしい国です。しかし、海苔でしっかり包まれているので、エジプトや遠くの国の事は、あまり知っていませんでした。

私は、今、ＪＩＣＡ（日本の独立行政法人・国際協力機構）のスタッフとして、日本とエジプトの理解を深めるための仕事をしています。日本のすばらしい所をエジプトに伝え、エジプトのすばらしい所を日本に伝える役目を果たしたいと思います。

おいしい「お握り」を作って、エジプトの人にもそのおいしさを伝えたいと思います。

日本の「優しさ」を象徴する「優先席」

イルヤソワ・ヒマハニム
（アゼルバイジャン。社会人・女・二十三歳）

私は、保健省の会計士として働いていますが、アゼルバイジャン国立経済大学の時から、日本語と日本について興味があり、勉強しています。

まだ、日本へ行ったことはありませんが、動画サイトで関連するビデオを観たり、インターネットで、日本の情報を集めて、勉強しています。そして、日本の公共交通機関などにみられる「優先席」に、とても感心します。ほかの国に、「優先席」はありません。

優先席とは、高齢者や妊娠中の女性、身体障害者などの着席を優先させる、通常の席とは区別されている座席です。優先席のほとんどは出入り口付近に設置されていて、多くの人に公共の交通機関をより快適に、より安全に使用してもらおうという配慮からです。私は、現代の日本社会の「優しさ」を象徴するのが「優先席」だと思います。

「優先席」の対象となっている人たちは、他の人に比べると席を確保するのが困難である人たちです。そのような人たちに席をより確保しやすい状況を作るのは、誰もが暮らしやすい社会づくりの一環としてとても大切なことです。

そして、優先席は交通機関の安全を保護するためにも欠かせないものです。足元が不自由な人々にとって、走行中の急停車の際など、立っていると危険を伴う場合があります。他の客には影響のない揺れであっても、それによって怪我などを負う可能性があるからです。さらに、事故を未然に防止することができます。

優先席は必要ないという意見もあるそうです。全ての座席を優先席と同様に扱い、乗客は場所に限らず、いつでも必要な人に席を譲るマナーを身につけるべきだという考え方です。優先席をなくすことで、人々にそうしたマナーの向上を求めることができます。しかし、車中での携帯電話やゲーム機器の使用が増加する中、乗客の周囲へのマナーや配慮は薄くなるばかりです。周りの乗客に席を譲り合う気配りは難しいと思います。実際に、優先席であっても席を譲ろうとしない若者がいるそうです。

個人のマナーやモラルの向上は、簡単ではありません。不確定なマナーやモラルの向上を期待するのは難しいと思います。「優先席」を必要としている人々の安全を犠牲にするべきではないと思います。

「優先席」は、日本人の「優しさ」を世界に証明しました。高齢者や体の不自由な人たちだけでなく、公共の交通機関をより多くの乗客がより快適に安全に使用することができる「優先席」は素晴らしいと思います。

【三等賞】―海外の高校生

「日本の空の深さ」を体感

エディー・ウー
（ニュージーランド。オークランド・インタナショナル・カレッジ・男・十七歳）

小さい時、井戸の中の「蛙」は、海を知りませんでした。日本が当時住んでいた中国の隣国だということしか認識がありませんでした。小学生になった「蛙」はゆっくり井戸を登り、井戸の外の世界を少しずつ観察できるようになってきました。外の声を聞いて、「蛙」は、日本が「きれいな国」で「日本人が優しい人々である」という印象を持ちました。

小学校五年生の時、「蛙」は初めて日本に行きました。日本および日本人の印象をさらに広げました。日本はきれいなだけではなく、豊かです。五つ星のホテルや美しい景色があり、観光客にとって楽しい場所です。また、東京などの大都市には超高層ビルもあり、金融関係の業務も活発です。

日本人は優しいだけでなく、とても友好的だと感じました。札幌でのスキー旅行中、「蛙」は何度もお尻から倒れました。でも、毎回、近くの日本人のスキーヤーが「蛙」に近づいてきて、「大丈夫？」と言って起き上がるのを手伝ってくれました。彼らの話した内容はよく分かりませんが、彼らの身振りはぬくもりを伝え、「蛙」の心と体を温かくしてくれました。

小学校六年生になった「蛙」は、家族とニュージーランドに移りました。この国は本当に平和な天国です。けれども、到着から一ヶ月、クライストチャーチに地震があって、百八十五人の人々が亡くなりました。それから二週間後の二〇一一年三月十一日、日本で東日本大震災が起こりました。マグニチュード9・0の地震が日本の海岸沿いを襲い、とても大きな津波を引き起こしました。一万五千人以上の人々が破壊的な地震と津波で亡くなり、数万人以上の人々が家を失いました。

しかし、この自然災害は日本人の良いところを引き出したことを、テレビで知りました。消防士や警察官が自分の命を犠牲にして、地震の被災者を救ったり、大学生のボランティアが被災者のお世話をしたり、食料や飲料水を配っていました。これらの事を見て、「蛙」は日本と日本人を深く理解する事が出来ました。日本はとても「強い国」で日本人は団結が固い、ことを知りました。

「蛙」には、たくさんの日本人の友達がいます。日本語をもっと勉強して、日本の文化イベントに参加して、「日本」と「日本人」の良さをもっと体感したいと思っています。

井戸の中の「蛙」は、外に出て大海をみて、「『日本』という国」の空の深さを知りつつあります。

【三等賞】――日本語学校生（日本在住）

日本人の優しい「あいまいさ」

オダヴァル・ゾルザヤ
（モンゴル。ゴレスアカデミー日本文化経済学院・女・二十三歳）

もし、日本人に初めて「今度、家にあそびにきてね」と誘われても、わたしは行きません。なぜなら、日本人が一回目に言うのは本心ではないからです。二回目なら、行ってもいいと思います。このあいまいな言いかたは日本人特有の習慣、あいさつの一つだと思います。

わたしはスーパーでレジのアルバイトをしています。レジの時、お客さんに、「マイバックをおもちでしょうか」とききます。もっていないときは「レジ袋をお出ししましょうか」とききます。お客さんは「いいです。いいよ」などと言います。わたしがモンゴルで勉強した日本語では、「いいです」はすべてOKという意味です。だから、レジ袋を出してしまい、お客さんに「いらないと言ってるでしょ」と怒られたことがあります。日本人の「いい」は「いらない」、つまり、NOの意味になることがあると、はじめてしりました。

こんなこともありました。日本人の友達と服を買いに行ったときのことです。わたしは試着をして「これはどうですか」ときくと、彼女は「いいね」といってくれました。ほかの服をきても

「いいですね」といいます。ほんとうにいいのは、どちらですか。どうして日本人はあいまいな表現をするのでしょうか。どうしてはっきりと本心を言わないのでしょうか。

アルバイトを探す時、求人誌をみていくつも電話をかけました。電話のあと、ほとんどの担当者は「それでは、あとから電話をしますね」と言いました。わたしはあとから電話がかかってくるものと、期待してずっと待っていましたが、電話がかかってきたためしは一度もありません。

一年以上日本に住み、最近ようやく日本人の「あいまいな表現」が理解できるようになってきました。友達が試着したわたしの姿をみて、「その服はあなたに似合わないよ」と、はっきり言われたら、きもちが悪くなったでしょう。アルバイト募集の担当者に「あなたの日本語は下手だから、やとえません」と、はっきり断られたら、傷ついたことでしょう。

日本人の「あいまいさ」に最初、外国人はとまどいます。しかし、その「あいまいさ」は、日本人の文化であり、人を傷つけてはいけないという「優しさ」なんだと理解できるようになりました。

最近、わたしは日本人に、何か頼みごとをされて、断りたい時、「ちょっと考えさせてください」と、あいまいにこたえることにしています。これは優しい日本人の心です。

見習いたい「時間を守る」国

バウベククズ・ジャンサヤ
（カザフスタン。カザフ国立大学・女・二十三歳）

私が「日本」に出逢ったのは七年前です。この出逢いは人気アニメである「ナルト」のおかげです。

当時十六歳だった自分には関心のあることも、趣味も、夢もなかったのです。そんな私が「ナルト」から次々に色々な日本のアニメに興味を持ち始めました。アニメだけじゃなくて、日本の音楽を聴いたり、文学を読んだり、映画やドラマを観たりするようになって、いつの間にか「日本」は、私の人生の中のかけがえのない存在になっていました。

こうして、「日本に行く」という夢を描いた私は、自国のカザフ国立大学の日本語学科に入学し、夢に向かって毎日、日本語の勉強を楽しんでいました。

そして、ずっと持ち続けていた夢が日本語を学び始めてから五年目で叶いました。夢であった日本の筑波大学に留学に行き、好きな日本での生活を楽しんで、日本人の友達を作って、日本と日本の社会のことを段々と深く知るようになりました。

一年にわたった日本での生活は、私に沢山の経験を与え、沢山のことを考えさせてくれました。日本人の友達もできて、色々なことを教えてもらったり、助けてもらったりしてお世話になりました。私が出会った日本人は、みんな優しくて、良い人ばかりでした。

そんな日本人に「私も見習わなきゃ！」と思ったことが沢山ありました。

一番印象に残ったのは、日本人の「時間を厳しく守る」性格です。

これには、時間を守らずに遅刻をしたら、自分が困るというだけでなく、「相手を待たせては申し訳ない」という思いやりの心が、日本人にはあるからです。この「自分よりまずは他人のことを考える」、「周りに迷惑をかけない」「申し訳ない」という日本人の性格にすごく惹かれました。

私は日本人の友達に待たされたことが一度もないです。最初の頃は、私はよく遅刻していたけど、友達に見習って、できるだけ時間を守り、遅刻はしないように頑張りました。

こうして、私も「時間を守る」ことを大切にするようになったのです。

日本人に見習わなければならないことが数多くあるので、これからも、「日本」のことをもっと知って、日本人のいい面を身に着けるために頑張りたいと思います。

「父権社会」の国

インイン・ウ
（オーストラリア。ニューサウスウェールズ大学・女・十九歳）

日本は、「現代的な世界」と「伝統的な世界」に会える国です。ロボットが歌を歌ったり、テレビがついているお風呂があったり、どこでもハイテクなものが見られます。一方で、着物を着ている人、生け花、歌舞伎など、伝統的な面も見る事ができます。そして、「日本」という国について、普通の答えは、「原宿がおしゃれだ」とか、「桜がきれい」などです。でも、私にとって、「日本」はたくさん素敵な文化がある一方、まだ封建的な「父権社会」の国、だと思います。

最近、日本が男社会である事について興味を持つようになりました。男社会とは、男性が様々なことにおいて女性よりも力を持っている社会のことです。日本の女性に対する差別が注目されています。注目しなければならないのは、日本が技術的に発展した国であるのに、なぜ、そうした「差別」の問題があるのか、ということです。

日本の男社会は、出生率の低下を招いてきたと思います。なぜなら、産休や育休などの女性の職場環境が悪化しているからです。

日本社会には、女性が家庭を持った際に退職をのぞむ傾向があります。女性は仕事と出産を両立できないから、退職せざるを得ないと言われています。キャリアとして成功して夢を叶えてから、結婚して主婦になろうと思っている女性が多いようです。また、日本人女性の年収は、出産後は少なくなるため、キャリアを築きたい女性は、結婚をためらってしまいます。

職場ではマタハラも起こります。マタハラというのは働く女性が妊娠すると退職を迫られる事です。マタハラを経験した女性は妊娠が罪であるかのように感じ、妊娠をしなければよかったとすら感じたそうです。

日本の社会では、男性は一家の稼ぎ手であり、女性は家と子供を守る人として認識されているようです。ドキュメンタリーを見たことがありますが、ある男性が「妻は家にいて子供達を世話する事になっています。それは日本の伝統です」と話していました。子供のことは全部女性の仕事になっているので、プレッシャーになって仕事をやめなければならない女性が多いと言われています。残念なことは、女性は職場でその能力がなかなか認められないということです。

日本は豊かで、文化もとても素敵な国ですが、日本人の女性にとって、もっと「男女平等の国」になるべきではないでしょうか。女性のさらなる社会参加を促すために、女の人も社会で力を発揮することができることを、みんなが理解するべきだと思います。

【努力賞】―海外の大学生

「現代と伝統」が調和した国

畢 玉婷
（中国。遼寧師範大学・女・二十歳）

「日本」という国は「現代的」だけれど、「伝統をしっかり守っている国」だと思います。私は日本語を学習して、日本と日本人への認識が大きく変わりました。

日本語を勉強する前の私は、中国の歴史ドラマの悪い日本の印象と、日本のおもしろいアニメを見て、日本はなんて「矛盾だらけの国」だろうか、と感じていました。日本語を勉強するにつれて、日本の雑誌やネットの記事を読むことができるようになりました。そして、日本文化への理解が広がりました。「茶道」、「囲碁」、「着物」、「盆栽」、「日本庭園」など沢山の伝統的な文化を知りました。

私は、このような伝統的な日本文化は、現代の日本人若者のファッションや生活スタイルと強いつながりがあると感じました。そして、ますます日本文化に興味を持つようになりました。

私の想像の中の日本人はこうでした。恥ずかしがり屋で、地味で、目立つのが苦手です。個性のない同じようなスーツのファッションや生活スタイルをしています。でも、実際に行って見たら、全然、違っていました。

昨年、私は憧れていた日本へ旅行に行きました。大喜びの私は、日本の町で一人の男性の姿を見てびっくりしました。私が想像していた日本の男性のイメージは一八〇度変わってしまいました。その男性は髪の毛を染めていました。それも茶髪だけでなく色とりどりに染めて、耳にピアスをつけていたのです。耳だけではありません。鼻や唇にまでに穴をあけてピアスをつけています。もちろん、一人だけでしたが、あまりにも個性的で、驚きました。

しかし、その個性的な男性も含めて日本人は、交通信号や交通ルールなどの社会ルールをきちんと守っています。また、ゴミを分別して捨てるルールを守ります。エスカレータも左に並んで立って右側にスペースを空けます。ルールを守ることが大人から子供まで当り前のことになっています。

日本は、先進的な文化を吸収している現代的な一面もありますが、実は伝統をきちんと守っている国です。それは、日本人の家庭や生活スタイルを見ると分かります。例えば、日本人の家には「洋室」と「和室」が両方あるそうです。そして、祭りの時には、若い人でも伝統的な服を着て、伝統的な形式で祭りに参加します。

自分の目でみた「日本」は、「現代と伝統が調和した国」でした。

「金継ぎ」の芸術

マリア・カメリア・ニッツァ
（ルーマニア。バベシュ・ボリアル大学・女・二十歳）

「心の傷」という比喩は、私たちが人生を語る上で使われ、すべての人にかかわるものです。日本の伝統技術の中には、壊れた碗や器などを金で修繕する「金継ぎ」という技術があります。私は高校生の時、インターネットで、日本の「金継ぎ」のことを知り、とても興味を持ちました。そして、大学で日本語を学んで、より深く金継ぎという芸術を理解できるようになりました。日本人の魂は、その「金継ぎ」の芸術における美しさと明瞭さの比喩の中に見てとれます。

「金継ぎ」の芸術は真の日本の精神における本質を表していると思います。日本人の魂と「金継ぎ」の繋がりは、「永遠に続くことはなく、終わることもなく、完全でもない」という禅の三つの道義に基づき、わび・さびの概念にもつながっています。傷を隠そうとするのではなく、修繕した後を目立たせるのです。全ての人が時の変遷を感じるのは、器が欠けたり割れたりして、壊れてしまうのと同じです。

「金継ぎ」の本質的価値の一つは協調性であり、その協調性は、一つの作品を生み出すいくつ例えば、椀かの手、すなわち独特な個性を維持したそれぞれの作者の存在からも見てとれます。私たちは元々の陶磁器職人とニス塗り職人という二人の芸術家の手仕事を見出すことができます。修繕された陶器は、同時に破裂感と時代を超える連続性を伝えます。金継ぎの芸術と人々の経験は互いに関係し合っていると私は思います。

壊れる前の脆弱性と、壊れた後の強さという二つの表現があります。人生が終わり、亀裂は人生において人が通らなければならない曲がりくねった道のようなものです。修理された陶器は我々にその教訓と美しさを教えてくれます。

私たちは、少なくとも人生に一度は敗北を経験しているか、これから経験するのです。それは避けられないものなのです。碗や湯呑みのように、私たちは自身のこぶや擦り傷に耐え抜きます。幸運にも過去は常に改善し得ます。これらの内面的な亀裂を恩恵に変える方法があります。私たちの中に隠されている光は、私たちの心と感情を溢れ出させるために解き放たれるべきなのです。私たちの世界を変える最大の力は、何がベールに隠されているかを見極める力にあります。私たちはたとえ暗闇に囲まれていたとしても、しっかりと光の中にいさえすれば、暗闇は消え去ります。その時に、私たちは癒す力を得て癒されます。私たちは新たな方法で考え、違った角度で心の傷を見るのです。

食事から感じた「もったいない」

丁力
（中国。蘇州科技大学・男・二十歳）

よく学食で、日本人留学生のKさんと話をしながらご飯を食べました。時々、食後の僕らの食器が目に入ってくることがありました。Kさんのは、いつもご飯粒一つ残らずきれいなのに対して、ぼくのはいつも食べ残しがあります。Kさんはえらいなあ、と感心はしたが、周りにぼくのような人が多くいたから、最初はこのことを何とも思いませんでした。

今年の二月、中国人大学生の代表として金沢に招かれて現地の日本人大学生Tさんと数日間ともにしました。ある日の昼食時、注文を間違えた私たちの前に運ばれてきたのは想像とは違うものでした。サラダ嫌いのぼくらのセットにはサラダがたくさんのっていました。ぼくはもちろん、Tさんもそのボリュームを見て難色を示しました。まあ、残せばいいのではと思い、ぼくはいつもと同じように嫌いなサラダを残しました。しかし、目をTさんにやると、いつの間にか、彼はサラダをきれいに平らげました。「すごいね」と感心したぼくに対して、彼は「だって、食べないともったいないでしょ」と静かに言いました。

まずい料理が食えないのが当たり前ではないか、と考えていたぼくはその時、心の中で何かが崩れかけたように覚えました。帰国後、ぼくは世界の食品浪費問題について少し調べてみました。FAOによると、世界では年間でムダになる食糧は約十三億トン、人が食べるために作られる食料の約三〇%にもなるそうです。一方、世界では八億人を超える人々が飢饉に苦しんでいます。

このデータを見たぼくは衝撃を覚えました。食糧に感謝の気持ちを持たなかったぼくは、「もったいない」ということばを理解できませんでした。好きなものは食べるが、嫌いなものは捨てる生活をしてきました。そして、そういう「もったいないこと」をしているのはぼくに限らず、大勢います。嬉しいことに、中国でも日本でも、KさんやTさんのように、食糧に感謝の気持ちを抱き、大事に思う方が増えてきました。ぼくもそういう人になりたいです。そして、食べ物を浪費する前に、もう一度そのありがたさと、「もったいない」という言葉を思い出すように呼びかけたいと思っています。

アニメは「幅広いテーマ」と「心遣い」

楊丹
（中国。湖北民族学院・女・二十一歳）

「日本語を勉強するきっかけは何ですか」とよく聞かれます。私はいつも「アニメ」と答えます。今、中国では二十代前後で日本語を習いたい人は「アニメ」がきっかけの人が多いです。

日本はアニメ強国です。世界の人々を引き付ける理由の一つは作品の「幅広いテーマ」と「心遣い」だと思います。日本のアニメは、すごい想像力に加えて、日本の特色がきちんと守られています。特に、日本人の繊細な感情の描写は、日本のアニメの特技です。友情、恋、夢、執念など、「名前を付けられない」あらゆる感情が創作者の手で私たちの心に染み込んできます。そのため、青春時代の私たちが素晴らしい歳月を過ごすことができるのです。

アニメは私に日本について最初の印象を与えました。綺麗な町風景、祝日に賑やかな屋台と花火、可愛い女の子、優しいお隣さん、放課後の多種多様な部活、それから「中二病」の気配……。しかし、それらは日本の本当の姿とは限りません。昨年十月、機会があって、一週間ほど、日本へ行きました。

少なくとも「中二病」の気配は、想像のようには感じられません。私と出会った人々は皆優しくて穏やかでした。私に気配りして、何気ない行為かもしれませんが、自分がちゃんと扱われている感じでした。こういう気配りは日本人の習慣ですから、日本社会の厳しさがほんのちょっと分かりました。気配りの習慣は、相手にとっていいことですが、自分は知らないうちにストレスになってしまいます。

周知のように日本人は仕事にこだわる癖があって、それが更に生活のプレッシャーを覚えるようになるはずです。日本の社会の辛さをつくづく感じた日本人は、ストレス解消の方法を探そうと決心して、アニメに目を向けたのではないでしょうか。

日本のアニメに溢れる「中二病」の気配、キャラクターの大げさな仕草など、全部楽しむためのものでしょう。一瞬だけでもいいから、昼間の仕事の陰鬱な気分を追い払いたいのです。アニメを発展させた「日本人の精神」を十分に理解しました。

アニメだけではなくテレビ番組、ドラマも、それぞれの方法で、生活に追われている日本人の仲間を励ましています。日本社会は厳しいことは厳しいですが、どこまでも「心遣い」が溢れています。

「秩序」観あふれる国

胡 彦峰
（中国。黒龍江大学・女・二十五歳）

私は、最近、国際交流研究所がネットで発信した「デジタル版・日本語教材【『日本』という国】」という教材を読んで、「日本」という国について、改めて考えてみた。一番感心し、印象的だったのは、日本人が「秩序を守る」ということだ。

日本は「地震多発国」と呼ばれるように、地震や火災などの災害が多い。しかし、日本人の「秩序」観は、大きな災害の時でも、変わらずに発揮されている。二〇一一年（平成二十三年）三月、東北沖を震源とする「東日本大震災」が起こり、日本周辺での観測史上最大の地震が発生した。「大津波」も発生し、福島を中心に「原発事故」に見舞われた。その時、東北三県では、約四十万戸の建物が全半壊し、数十万人が生活と仕事の基盤を失った。特に、「原発事故」は想像をはるかに超えた放射能の恐怖という大きな爪痕を残した。

しかし、日本は国民に対して、十分な防災教育や、地震と火災などの避難訓練を行ってきたので、大災害に襲われても、住民は整然と行動し、可能な限り二次災害を防いだ。

また、東日本大震災に関するドキュメントを見たが、二つのことが印象に残っている。一つは大地震が発生した後、何百人が広場に避難し、その中でタバコを吸うのは一人もいなかったらしい、三時間後、人々が去っても、地上にはゴミが一つもなかった。もう一つは、被災地のある交差点で、信号が地震で壊れて動かなかったが、車両の混乱はなく、交通の秩序は守られていた。

普段の生活の中でも、日本人が「秩序」を守る場面がよく見られる。人々は整然と並び、ゴミの種類は厳しく分けられ、エスカレーターでは左側に立ち、右を通行し（関西地方では逆）。雨の時、人々は駅に入る前に周りに迷惑をかけないように、早めに傘を閉じる。細かいことでも日本人は「秩序」を守る。日本人の「秩序」観は、「日本語教材【『日本』という国】」の『八章・日本人の行動様式』にも書いてあるように、日本人が長い歴史の中で、「序列社会」、「タテ社会」を生き、「集団志向」を強め、「和」を重んじる精神を形成してきたからだ。「秩序」観が、日本人の普段の生活習慣となっている。

一方、中国では、道を渡る時に信号を無視したり、観光地に落書きしたり、規則を守らないことがまだまだ多い。日本人の「秩序」観を学んで、ルールを守る面で改善すべきところが多い、と思う。

「職人気質」の国

胡琴
（中国。北京第二外国語学院大学院・女・二十三歳）

もう五年も前のことですが、大学に入る前、日本のことを全然分からなかった私は、ネットで『二郎は鮨の夢を見る』という映画を観て、「職人」の存在を知りました。「すきやばし次郎」の店主・小野次郎の仕事ぶりを描いた作品です。芸術品のようなお寿司がお皿に並んで、宝石のようにキラキラ輝き、人の食欲を誘います。私は「ああ、やはりお寿司は最高」と思いました。

もっと感動したのは『二郎さん』の話でした。

「この仕事を嫌だななんてと思った事は一度もない、ただこれに惚れて惚れて一生懸命やって、少しでも上、少しでも上と考えて、八十五歳になっても、やめる気はない」、「もっと美味しい寿司がつくれないかと二十四時間考えている」と話していました。

寿司職人だけではなく、日本には、時計職人とか醤油職人とかたくさんいます。なぜ日本は多くの職人を輩出するのでしょうか？私は「初心を忘れないからだ」と思います。職人にとって、自分の仕事を一生の仕事だと思って、いつも前を見て、完璧を目指すのが「初心」なのでしょう。

しかし、それは決して容易なことではありません。

時代の変化は激しいので、時代の流れに流されていく人のほうがずっと多いです。変えたほうがいいものと、変えないほうがいいものを自分で判断しなければなりません。そして、求めるものを決めて、初志貫徹する人こそ職人です。世界がどんなに騒いでも、「職人」の心はまるで湖のように静かで、穏やかなまま、ただ目の前の仕事に集中し、ベストを尽くしています。

「職人」だけではなく、日本の企業経営もそうです。「経営者は、完全性を追求することを、日々の習慣としなければばならない」と京セラ創業者の稲盛和夫さんは言いました。日本の職人は「きっといいものを作ってくれる」と信頼されています。中国の若者は日本の商品に対して信頼し、日本の商品なら安心して使えると思っています。中国で「独身の日」の昨年十一月十一日にアリババのアパレル部門売上高一位になったのも日本の商品でした。近年話題の「爆買い」もそれを裏付けています。

質へのこだわり、仕事への情熱、自分への厳しさ……私は日本人のこの精神力にひかれました。同じ商品ですが、残念なことにメードインチャイナはいまいち足りないところが多いので、私は、中国は日本の「職人気質」を学ぶべきだと思います。

私の心に重要な「日本文学」

林 兆歓
（中国。広州城市職業学院。男。二十一歳）

文学とは、人間の心にとっての「食べ物」に相当していると思います。

日本は世界文学の一つの重要な地位を占めています。文学は、社会と人間の状態を絵のように写実しました。日本文学は、私の心の一番重要な部分です。

日本文学の歴史は長いです。例えば奈良時代まで遡ると。中国の漢字が日本へ伝播していましたから、日本書紀があります。万葉集は、この日本の古い歌を集めて、和歌を発展させていきます。

平安時代の源氏物語は「愛情の物語」です。

文学思想が形成されるまで、長い時間がかかりました。源氏物語から今まで、人の愛情生活は日本文学でとても重要な要素です。

日本近代文学は多様化しています。

情感小説、私小説、などですが、今私が、大好きな作家は「村上春樹」と「湊かなえ」です。

湊かなえの「Nのために」で、大いにショックを受けました。それは、人々は罪があるというところです。村上春樹の小説は平易な言葉使いです。『風の歌を聴け』『ノルウェイの森』『世界の終わりとハードボイルド・ワンダーランド』などの中で、私が一番好きなのは『走ることについて語るときに僕の語ること』です。ジョギングのとき、村上先生の『私は人じゃない、私は機械です』を思った時の私は、走る！　走る！　と思います。ロボットみたいです。

日本文学に私はたくさん精神的に援助してもらいました。

だから日本の文学を研究したいです。

以上が、私の「日本はどんな国だと思います」かの答えです。

日本人の「サービス精神」

陳 羽萌
（中国。大連海事大学・女・二十一歳）

前は、「日本」で思い出すのはアニメだったが、日本語を学んで、日本のことを理解し始めたら、「日本」と言えば、日本人の「サービス意識」の高さを思い出す。

去年、初めて日本に行った。グループでの日本旅行だったので、少し慌ただしい旅行を体験した。その時、コンビニで、買いたいものが見つからなかったので、店員さんに聞いたら、親切に案内してくださった。その親切な心に触れて、私は初めて日本人の「サービス精神」を感じた。その時、「なぜ、日本人はそのサービス意識を持っているのだろうか」、「そのサービス精神は、どうしてうまれたのだろうか」と、いろいろ考えた。

今年、また日本に行って、その「サービス精神」を、一層強く感じた。

一つ目は、日本人の「サービス精神」は、全てのお客さんに対して平等に提供されていることだ。例えば、日本である店に入り、何かを買ったら、店を出る時に店員さんは笑顔で「ありがとうございました」と言ってくれる。その笑顔が私を真っ直ぐ見ていたので、少し照れくさかったが、その笑顔は、誰に対しても平等であることが分かった。

二つ目は、日本人の「サービス」は細やかで、親切であるということだ。お客さんが何を必要としているかを、一緒に考えてくれる。例えば、日本では店員さんがお客さんの傘を預かり、きれいに拭いてくれたり、傘を収納するナイロン製の袋をくれたりする。こうしたサービスは、お客さんにとって、ありがたく、便利であるだけでなく、店内を汚さないというメリットもある。

三つ目は、日本の店員さんは仕事の時とても真面目だ。買い物した時に、買ったものをきれいに包んでくれるだけでなく、必ず店の外まで客を見送ってくれる。

日本人の「サービス精神」は、自発的、積極的に心から他人を思って行動することが素晴らしい。心のこもったサービスを与えることで、両方が幸せを感じることができる。

その「サービス精神」が形成された理由は二つあると思う。一つは、日本は「礼儀を重んじる国」であり、もう一つは、「教育の結晶」だと思う。学校では体験型の「サービス」についての教育を重視する。このような日本人の「サービス精神」を、多くの国の人たちが、学んでほしい。

「良い心」がある「大福」みたい！

ササナンチュンキーリー
（タイ。ラムカムヘン大学・女・十八歳）

日本と言えば、大体のタイ人は良い事ばかり思い出します。例えば、料理は美味しいし、自然が美しくて、コスプレやファッションアイテムで誰でもなりたい自分になれます。皆は、世界一行きたい国だと言います。私は、「日・タイ青少年国際交流事業」で、二〇一五年十月に十日間、福岡県へ行きました。本当に貴重な経験でした。

私にとって、日本は「不思議な国」です。日本人はいつも優しくて、困ってる人に手伝ってあげます。丁寧で何でもできるようです。もし、出来ない時は、一所懸命頑張って、成功させようとします。私は日本人のここに感動しました。本当に美しくて、パーフェクトな国でしょう。ただ、同時に、日本は「怖い国」だと思います。

私が「日本は不思議な国」だと思うのは、「頭と心の中の気持ち」のことです。どうして、そんなにパーフェクトで、ばっちり完全な国なのに、社会問題があるのでしょうか。日本人はストレスを持ち、内向的になって、他人をいじめたり、怪我や病気をしたりして、あやめる人もあやめられる人も相談する人がいません。だから、どんどんストレスが増えて、他人を殺したり、自殺をしてしまうのではないでしょうか。日本は、本当にパーフェクトな国だと思いますが、すばらしい所もあれば、本当によくない所もあります。どんなに最高でも、良い所もあれば、悪い所もあります。

私は、もしかして、このパーフェクトは厳密すぎるからではないかと考え続けました。日本では、同じクラスなのに友達とは言えない関係もありますね。私は日本人が考えすぎるし、遠慮しすぎですから、他人が手伝ってくれる事も気持ちが悪いと思うのではないでしょうか。多分、ずっと悪い事ばかりだったから心が痛くなって、伝えたい事が伝えられなくなって、暗い人になるのではないでしょうか。タイと比べたら、タイ人はそんなに考えすぎないですよ。私達は名前を知っていれば、それはもう友達です。それにタイ人はよく笑っています。だから、タイ人は早く友達になれます。

日本人は「大福」みたいだと思いました。複雑でわかりにくいですが、中には「良い心」がありますよね。

そして、私が感じた事を感じて、世界にいる皆さんにも日本の事をもっと知ってほしいです。なぜなら考える事と本物は全然違います。「百聞は一見に如かず」ということわざがあります。あなたはびっくりするかもしれないですよ。考えが違っても、日本の事を嫌いにならないでください。日本は魅力がいっぱいです。日本は、あなたが知ってるよりずっと美しくて、これからもずっと美しいです。

日本の自然は「四つの色」

ボルトネーブスカヤ・ユーリャ
（ロシア。イルクーツク国立大学・女・二十歳）

日本というと、きれいな桜を思い浮かべる人もいれば、素敵な着物姿の芸者を思い浮かべる人もいるでしょう。私は、ピンク、緑、赤、それと白、様々な色が浮かんできます。どうしてでしょうか。

日本のアニメーション映画にあるように、『一秒5センチメートル』のスピードで桜の花が落ちるのはやっと春が来たということ。外に出かければ、負担になっている問題を忘れられるようになって、あっちこっちでにこにこ笑ったり、子供のように遊んだりしている人が見られます。風とも呼べないほどかすかな空気の流れを感じたり、桜が落ちてくるくる飛び上がっているのを眺めたりして、気づいてみると自分がピンクの霞に立ち込められて立っているのです。ピンクの日本。

埠頭のちかくのどこかで子供の気軽な笑い声や海の音が聞こえると、夏がぼちぼち近づいているということ。緑の日本というエメラルドの王国に取り囲まれて、心地よくさせてもらえるのです。そのとき、緑の風船を持って気持ちよさそうに見える子供だったり、抹茶のアイスクリームだったり、今まで見ていたはずなのになかなか見ていなかったことに気づき、敏感になっている自分に驚きます。

そのあと、風が段々冷たくなっていって、のんきな愉悦からちょっとした憂鬱まで移ってきて、緑の日本の変わりに、赤の日本が現れてくるのです。まるで画家のしなやかな手の仕草のように、木が一気に真っ赤になってきます。自然が眠りにつくために、真っ赤な葉っぱがひらひらと肩に落ちてきて、それは全部におろおろしながら「さよなら」と言っている女の子のように見えます。

時間がたつと、水が氷になって、世界が白紙のように見えるでしょう。それは白の日本がノックしているということ。冷たいゆびさきを暖めようともしない白の日本が雪の匂いに纏って、目を閉じて笑っているのです。空気がカチンカチンとかじかんで、木が氷花のように澄んで、何もかもが白色の風景の中に閉じ込められています。全てを閉じ込めた白紙は、あなたが後悔していることをやり直せる可能性です。雪がさらさらと落ちている間に、もう一回やり直してみませんか。

人によって季節が連想させる色は様々です。私なら、ピンク、緑、赤、白になるのです。

時々、ピンクの日本にたまらなく安心させてもらいたくなります。たまに白の日本に落ち着かせてもらいたいのです。あなたが「日本」から連想するのはどんな色なのでしょうか。

【努力賞】―海外の大学生

社会責任の種をまく「成人式」

紀元
（中国。東華大学・男・二十一歳）

「明けましておめでとう!今年ははたちだね。大人だよ!」

年が明けると、日本の子供は一生に一度の重要なイベントを迎えます。以前の私はこのイベントが理解できませんでした。メディアで成人式のニュースを見て、ただ二十歳の若者達が集まり、きれいな服を着て、成人したことを祝う伝統的な行事だと思っていました。

なぜ、日本人はこれほど成人式を重視するのでしょうか。

デジタル版の教材・『日本』という国』を読んで、私は成人式を再認識しました。成人式はもともと伝統行事でしたが、今の成人式は「成人としての自覚を持たせるイベント」に変わりました。大人になれば、社会人としての責任は避けられません。二十歳という区切りは、かつては選挙権の象徴でもありました。今年の成人式で麻生太郎副総理が話した「これまではパクられても少年Aで済んだが、二十歳からは必ず名前が出る」という冗談の中に、新成人の重い責任と義務が込められています。

日本の若者は、ゆとり世代と言われて、社会に出ても大人らしくありません。今の中国も同じ問題に直面しています。中国で成人になる年齢は十八歳です。しかし、成人式のような公式のイベントや儀式はありません。それ故、若者達は「自分はもう大人だ」という意識が薄いです。若者達はいつまでも子供っぽい考え方のままで、社会責任を負うという意識も欠如していて、「でかい赤ちゃん」と言われています。また、「ニート」「ドラ息子」などのような社会問題も起こっています。

大人らしくない若者が増えいるようです。今年、私の大学では人民代表選挙が行われました。私にとって初めての経験だったので、大変重視しましたが、欠席したり、投票権を放棄したりする学生が七％に達しました。これは自分の社会責任と政治権利を軽視していることの現れでしょう。もし、成人式で、成人したばかりの人々に社会責任を教えれば、こんな幼稚なことが起こらないかもしれません。

「成人式」は必要だと思います。日本は伝統的行事で、責任感を心に刻ませ、素晴らしい国だと思います。成人式の後、お酒を飲んだり、タバコのゴミが地面に散らかっている会場もあるそうです。成人になった心構えを、一つのイベントで終わらせてはなりません。

成人になった一人一人が、社会に責任を負うという意識を忘れてはなりません。

「伝統文化の忠実な守護者」

呂 芸雅
（中国。西北大学・女・二十一歳）

「日本はどんな国だと思いますか」という質問をされれば、驚き無し、みんなの答えは、大体「経済が高度発達」、「環境が非常に良い」、「森林が多い」などである。

確かに、これらの特徴は日本を代表できるが、私にとって、日本について最も印象深いのは「伝統文化の忠実な守護者」としての日本だ。

三味線は日本の伝統文化の代表的なものの一つである。大学入学後、日本語を学ぶ機会を得ることができ、五十音図と自己紹介以外、最初に学んだのは三味線についての文章であった。あの時、ただ「三味線？　たぶん中国の二胡と同じ古くさい、つまらない楽器だろう」という考えを持って、全然理解する興味もなかった。数カ月前、友達の勧めたミュージックを聴いて、意外に三味線のことが好きになった。びっくりさせられたのは、その『時の旅人』と命名された曲は、味気ないどころか、逆に、美しかった。この曲は、上妻宏光先生が三味線とピアノを使って創作した、現代和風の音楽である。この曲を聴いて、自分が一つの精霊になり、百年の歴史を通り抜け、和服を着て、お茶を飲みながら、ゆっくりして森林と海を眺めて、世の中の賑やかさと物寂しさを見尽くすというような感じがした。本当に素晴らしい、と感じた。

その後、私は上妻宏光先生の他の作品を聴いて、彼のスタイルに似た音楽家吉田兄弟の作品も聴いてみた。彼らは古風な三味線をロック、ラテン音楽、ブルースなど流行的な元素と結合して、時々ジャズアドリブも入れて、三味線音楽をもっと軽快にさせた。私は、これが「伝統文化に対する本当の守護」——保護だけでなく、革新と発展であると受け取った。

一方で、中国の伝統的な楽器「二胡」は深刻な状況に陥っている。悠久な歴史があっても、現代の音楽元素とよく融合できなかったら、二胡の運命はどうなるのだろうか、と心配だ。

伝統文化の守護は国民全体の責任だ。日本国民の三味線に対する継承と発展は、日本国の伝統文化に対する態度の集中表現だ。文化は民族精神を表し、歴史は現代を豊富にしてくれるが、この点から見れば、日本は本当に可愛い国で、私は大好きだ！

創造力を刺激！「日本の芸術」

シェフチェンコ・ヴァレリヤ
（ウクライナ。キエフ国立言語大学・女・二十四歳）

芸術が人間に与える影響は、ひとりひとり違うと思いますが、私の場合、「日本の芸術」が私の創造力を刺激してくれました。例えば、日本の絵を見ると、「私も絵を画きたい」と思い、日本の音楽を聴くと、「私も自分で演奏したい」と思いました。

私が「日本の芸術」と出会ったのは子供の時です。ある日、家の中でかわいい絵がいっぱいある日本の童話の本を見付けました。お祖母さんからの一歳の誕生日プレゼントでした。もしかしたら、お祖母さんは私の芸術への情熱を予感していたのかもしれません。

高校生のとき、キエフ市内の展覧会で写真家の山内悠さんの写真を見ました。美しくて華麗な景色を撮影したものでした。特に「驚天動地　天」と「目映い太陽」という二枚の写真に感動しました。展覧会の後、外に出たとき、アスファルトの地面から空に視線を向け私は、毎日の忙しさで、時々「自然の美しさ」を感じることを忘れてしまっていることに気がつきました。その日から、私は変わっていく空と夕陽を撮影するようになりました。

大学一年生のとき、イラストレーターの「カガヤ」という人の絵に出会いました。この絵は私に強い印象を与えました。日々のわずらわしさを忘れるために、果てしない星空と海を見たくなりました。壮大な自然のなかで、ゆっくりと休みたいと思いました。そして、休んだ後で、自然の中で心も身体もいやされて元気よく毎日を過ごすことができると思いました。

二年生のとき、キエフ市で、ピアニストの中村天平さんのコンサートへ行きました。驚異的な演奏でした。心がおだやかになって、感動して、「私も自分で演奏したい」と思いました。そのあとで、信じられないことが起こりました。コンサートの後、私は心も身体もとても元気になりました。そして、寮に帰って、さっそく自分でピアノを演奏してみました。

私は「日本の芸術」と親しくなってから、日本語を習得したいと思いました。他の民族の芸術を、本当に理解するために、言語と文化を学ばなければならないと思ったからです。

その上、「日本の芸術」は私たちにいろいろなことを教えてくれます。例えば、私たちが忘れてしまっているかもしれない「自然の美しさ」に気づかせてくれました。それに、私たちの創造力を刺激して、自分の心と感情を表現する方法を教えてくれました。「日本の芸術」は、私の創造力を刺激する力を持っています。

「性格と心」を育ててくれた

アイサク・オデン
（スウェーデン・ヨーテブリ大学・男・二十歳）

「日本」―ただその言葉を考えたら、夢を見ているような気持ちになります。

高校に入学した時に私は将来のことや仕事について全然考えませんでした。でも、日本人の友達が「日本語を勉強して！」と言ったから、私は高校で、「日本語の授業」に参加してみました。そして、私は一年間、日本に行って、「私の将来」を見つけました。

二〇一四年六月に初めて日本に行った時に、私はたった一年間ですが、いろいろな経験をしました。福岡・大牟田市でホームステイしました。初めての国に行って、知らない家族と一緒に住むことになりました。

日本語を高校で勉強しただけでしたし、ホストファミリーは、英語は全然ダメでしたので、あまり話が出来ませんでした。でも、大きな問題はありませんでした。私とホストファミリーは言葉を使わずに楽しんでいました。そこのお父さんは、私に将棋を教えてくれました。とても感謝しています。

「日本」という国について、最初は正直ちょっと怖い感じでした。

でも、私が日本で見た景色は全然怖くありませんでした。私が見ましたのはどこでも「日本人の優しさ」でした。

私が日本で困ったとき、知らない人でも、私の問題事について、私を助けてくれました。

例えば、道に迷っていた時に、何かを読めない漢字があった時に、出会った日本人は、私と一緒に正しい道に連れて行ってくれましたし、私に読めない漢字を読んでくれたりしました。

日本は、青年の私に「性格と心」を育ててくれた国です。

日本は、私の過去、今、と将来に関わっている国・日本に感謝しか持っていません。

私は「通訳者になりたい」と思っています。

「日本」、有難うございます。

「ご当地ゆるキャラ」は日本の「文化」

陳 佳旻
（台湾。輔仁大学・女・二十二歳）

日本という国は、世界一可愛い『公務員』がいる国だ。『公務員』とは、日本・四十七都道府県の各地にあるマスコットキャラクター〝ご当地ゆるキャラ〟のことだ。

各都市を宣伝する使命を担った「ご当地ゆるキャラ」は、地域を活性化させようという発想がまず、とても「クール」だと思う。愛らしい見た目と独特の動きを持つ「ゆるキャラ」は、老若男女を問わず、また言葉が通じない外国人にも受け入れられやすく、日本の魅力をより広く発信している。

実際、日本国内でブームになっているし、SNSを通じて世界的にも認知され、日本語が分からなくても、「くまモン」、「ふなっしー」、「ひこにゃん」などの「ご当地ゆるキャラ」がとても人気で、経済的効果も小さくない。だが、それよりも「目に見えない効果」が大きいと思う。例えば、全国の県民の地元愛が深まったり、今まであまり詳しくなかった他県を好きになったりするきっかけになる。無形の効果も含めて、日本の「ゆるキャラ戦略」は大成功だと思う。

しかし、「ゆるキャラ」の評判について調べてみると、近年では「ゆるキャラが多すぎる」、「税金の無駄遣いだ」と批判する声も出ていることがわかった。ニュースによると、日本には、企業キャラクターを含めて一五〇〇体以上の「ゆるキャラ」があると言われているが、それらの年間稼働日数は平均で僅か二十日ぐらいとのことだ。すっかり「ゆるキャラ」にはまっていた私は、一瞬目を疑ってしまった。あまり活躍の場がない、というのだ。確かに多すぎるかもしれないが、十分に活用されていないのは悲しいことだ。せっかく「地域おこし」という立派な目的を担って生まれてきたのに残念なことだ。

「ご当地ゆるキャラ」にはメリットが沢山ある。日本のように、地方自治体がそれを募集したり、公認したりする国は他にないと思う。よく日本を代表する文化として挙げられる茶道や剣道などの他に、「ご当地ゆるキャラ」も、日本を代表する一つの文化であるように外国人の目には映る。これからも、それらの可愛い『公務員』たちが末永く活躍してくれることを願うばかりだ。

二〇一六年にＪＡＬの招待で三週間日本に行った時、「ゆるキャラ」を見ることはできなかったので、「ゆるキャラに直接お会いするため」に、また日本へ行きたいです。

暗い「日本のいじめ」

郝 文文
（中国。河南科技大学・女・二十一歳）

子どもは国家の希望と未来です。彼らの性格と振る舞いが将来の国家の政治、経済、社会に大きな影響を与えます。しかしながら、いま日本では「いじめ問題」が深刻化しています。いじめと孤立には子供の性格が反映されています。「いじめ」をそのままにしておいて、日本はまだ団結して経済を発展させることができますか。私は教育の中でも、健康な心理教育を重視すべきだと思います。

最近、授業で「いじめ」についての文章を読みました。驚いて目玉が飛び出そうでした。中学校の「いじめ」はともかく、小学一年生でも「いじめ」が起きているのは信じられません。例えば、靴に泥を塗られたり、同級生に消しゴムやお菓子などを投げつけられたり、椅子と文房具の中に死んだ虫を置かれたり、「やばい菌」などと呼ばれたり。それに、私は日本のドラマの『家政婦のミタ』と『リーガルハイ』の中でも、いじめの場面を見ました。日本ではいじめられて自殺した生徒がいます。中国ではこんなことはほとんどありません。

どうして日本ではこんな事件が多いのかと思います。

日本の教育に比べて、中国の教育では、先生がすべての生徒を積極的に活動に参加させ、子供の時から団結と友愛を教えています。それに勉強においても、先生が優秀な生徒に成績の悪い生徒を助けさせたり、無口な生徒と体が弱い生徒にも関心を与えさせたりしています。生徒の成績より、生徒が健康的な心理状態であることを重視しています。

しかし、日本のある先生は、大部分の生徒に自分が嫌われることを恐れて、いじめられている生徒を無視しているそうです。それに、日本の生徒はいじめられると恥ずかしいと感じて、我慢してしまいます。そうすると、「いじめ」はますます深刻になります。

いじめられた生徒は身も心も大きなダメージを受けます。心が歪んでしまうかもしれません。とてもかわいそうです。いじめる生徒は人に関心を持ちません。団結の意識はますます減っていきます。それは、日本の経済などに悪い影響を与えると思います。

日本の大人たちは、日本の未来を安心して彼らに任せられますか。「いじめ問題」を重視すべきだと思います。一緒に子供たちを守りましょう。

「部活」で成長する日本の若者

ヒンスベージェー・クロエ
（フランス。ストラスブール大学・女・十八歳）

「日本人の生活について何と思いますか」と、フランス人に聞いたら、普通は「忙しそうだ」とか「労働時間が長すぎます」などの答えが出てきます。

確かに、海外、特にフランスでは、一生懸命働く日本人のサラリーマンのイメージが広がっている。

その理由は、インターネットでよく見かける「地下鉄の中で眠っている人」の写真とか、「過労」に関しての記事などからです。

この「会社のために生きている日本人」の姿は、有給休暇を五週間も取ることができる、休み好きなフランスの社会人には、とてもおかしく見えます。

日本人について、ほかによく聞く話は「本音と建て前の違う日本の文化は嫌です」ということです。

私も、変なことだと思っている。もちろん、相手によって話し方が違うのは当然です。

社長と話す行動は、友達と話すときと同じわけではない。だけど、いつも他人の気持ちのことばかり考えて話したりするのは、私としては、やりすぎではないかと思います。

それでも、いろいろネガティブなところがあるにも拘らず、日本の社会や生活の中で、素敵なところもたくさんあると思います。

例えば、私が個人的に憧れるのは、日本の中学・高校の「部活」です。

授業の後で運動、または美術的な活動をするのは素晴らしいことだです。フランスでは「部活」などありません。普段、授業の後に勉強したり、本を読んだり、ソーシャルメディアを使ったりしています。

日本の若者は「部活」で成長していると思います。他の生徒と一緒に同じ目標に向かって努力して、社会的なことや価値観を勉強することができます。そうした日本の様相が私は好きです。

ヨロッパ人の既成概念と違って、日本の社会は華やかで複合的だと思います。

「ちらし寿司」で恋した「日本」

霍　雨佳
（中国。海南師範大学・女・二十歳）

「『日本』は、どんな国だと思いますか」という作文のテーマについて、友達に聞いてみた。
友人A：「国土面積が小さい。火山、地震が多い」
友人B：「天皇制、先進国、わが国を侵略したバカヤロー！」
友人C：「化粧術がすごい国。女性は結婚したとたんに専業主婦になっちゃう気がする」
友人D：「名探偵コナン最高！」
……といった答えだった。

時計を巻き戻して、三年ほど前、まさかの偶然で、私は日本語学科に入った。「くだらない」と思いながら五十音を勉強し終わったが、まだ日本語を好きにはなれなかった。ある日、「大学の日本語コーナー」に参加した時。先生の奥さんが作った「ちらし寿司」を食べさせてくれた。見たこともない形のおすしを食べるのは初めてだった。思わず、「おいしい！」という言葉が出てきた。休憩時間に、奥さんが作り方、特に、人参で桜の花の形の「桜人参」の作り方を教えてくださった。休みの時、自分の部屋で「ちらし寿司」に挑戦してみたが、初めてのせいか、あまり美味しくできなかった。でも、あの日から、日本への憧れが生まれた。

週末、親友と町の日本料理店へ行って、「そば、天ぷら、すきやき」などの「和食」を食べている。おいしい「和食」を食べると、気分もよくなる。「細長い日本の形が天ぷらと似てる！」という発見もあった。でも、多くのお店は本場の味ではない、らしい。

「和食」は、「自然を尊重する」という精神が出発点らしい。色々工夫されている小さな食べ物を通して、日本の文化、歴史、言語など全般的に興味を持つようになった。

とうとう、「日本」という国に恋に落ちてしまった。

今、「日本はどんな国だと思いますか？」と聞かれたら、あの時、感動的な気持ちを与えてくれた「ちらし寿司」を思い出して、「おいしい国ですよ」と答える。おいしい「ちらし寿司」のおかげで、私はもっと勉強して日本語を磨きたい！　もっと日本のことを知りたい！　友達にも本当の日本の姿を見せたい！　という願いが、どんどん強くなってきている。

幸いに、交換留学生として日本に行くことになった。いよいよ、心の中の恋人に会える。わくわくとした気持ちでこの作文を書いている。

驚きがいっぱいの「国」

顧 淋淋
（中国。大連工業大学・女・二十一歳）

「日本はどんな国ですか」と聞かれると、私は必ず「驚きがいっぱいの国」と答えます。

今年の一月、私は短期留学生として群馬大学に行きました。その時、初めての日本でしたが、大学での勉強だけでなく、普段の生活でも、いろいろな体験をして、すごく楽しい時間を過ごすことができました。

そして、新しい知識を身につけただけでなく、いままでの知らない日本のことも知りました。

例えば、ウォシュレット、水に流せるトイレットペーパーです。

ウォシュレットは場所をとらないし、冬は暖かい便座に座れて、必要に応じて清潔感を保つことができます。そして、流せるトイレットペーパーで他人がふいた紙を見なくてすむし、においも残りません。とても清潔で、驚きました

日本の製品・商品を見ると、職人気質、伝統を守ること、またプロの精神、細かいことへのこだわり、などがすばらしいと思います。技術だけでなく、伝統を守ろうと懸命に打ち込む心意気

がステキです。後世にも受け継いでいってほしいです。

また、日本人は、いいと思ったことを、実際に行動に移して、現実のものにするところが素晴らしいですね。例えば、ホットケーキに、アイスクリームやチョコレート、いちごのトッピングを加えるというアイデアを、すぐに行動に移して、現実の商品にしました。

それから、「時間通りに運行される電車」に代表されるように、日本社会のあらゆるものの規律がきちんとしています。また、日本の道路は、ゴミが落ちておらずキレイですね。中国には、道にゴミを捨てることをなんとも思っていない人がいて、ゴミがよく落ちています。

日本には、いろんなファッションもありますね。すごく印象に残り、驚いたのは、ペットの犬のファッションです。犬が、人間以上のいい服を着ていて、それを見た時はビックリしました。中国ではこういう犬のファッションはありませんから。

日本は、驚きがいっぱいの「不思議な国」だと思います。また行きたいです。

「ウチ」と「ソト」の距離

陳 璐璐
（中国。南京大学大学院・女・二十三歳）

勉強すれば勉強するほど「日本」という国が分からなくなってきた。

日本語を勉強する前は、「恥」、「集団主義」などといったタグのような特徴が印象深かった。しかし、今は、いくつかのキーワードで「日本」という国を描き出すのは難しい。

日本人の学生は授業中、先生の許可がなければほとんど互いに交流しないと言われた。授業の内容について、何か疑問や感想があるとき、中国では小声で討論する場合が少なくない。日本人が、互いに話さないのは恥ずかしがり屋だからと思ったが、そうではないらしい。「人と人の間に見えない柵があるので、勝手に他人の空間に入り込むべきではない、と考えているからだ」と、日本人のクラスメートが教えてくれた。

ただ、その「柵」は「しがらみ」になる場合があるかもしれないが、その距離感がとても意味深いと思う。距離があるからこそ美が生まれる。その距離は「余白」でもあり、「曖昧」でもある。距離によって「ウチ」と「ソト」がはっきりとして分けられる。

ウチとソトの間には、「淡い関係」もあれば、越えようのない深い「溝」もある。

その距離感は、言葉によって、様々に表れてくる。

敬語を使う時、敬意を表すことができるだけでなく、距離を保つことができる。一方、対等な言葉使いである若者の「ため口」は、距離を縮めるとともに「柵」を「きずな」に転化させることもある。日本人は、その両者を自由にスイッチできるそうだ。

世界で敬語を使わない国の存在が想像できないと、日本人の友達から聞いたことがある。

敬語の使い方は複雑だが、きれいな日本語を話すには必要であり、敬語をしっかりと使うには、心と体で、その場の空気を読むことが肝心なのだろう。日本人が敬語を自在に使いこなすのは、長い間、「以心伝心」という伝統を持ち続けているからだろう。

人間同士の距離が消えることはないが、「ウチ」と「ソト」の距離は変わらないわけではない。歳月の流れにつれて、絶えず出会ったり離れたりして変わりつつあるのだ。

「ウチ」と「ソト」の距離は、日本社会を窺う記号の一つかもしれない。

「俳句」を作ってみました！

エルデネオチル・サンチル・オヤー
（モンゴル。モンゴル国立大学・女・十九歳）

私は子供の頃から文学が好きで、本を読んだり、詩も読んだりしました。また、時々詩を書いています。高校生の時、ある世界の詩の本に「日本の俳句」について説明があり、日本の代表的な俳句もありました。その時、「そんな短い詩があるんだ」とびっくりしました。しかし、普通の言葉を使っているので、俳句を書くのは簡単ではないかと思いました。

そして、大学に入学し、日本語を勉強し始めました。その時から日本人、日本文化を知り、俳句にも興味を持つようになりました。「モンゴルの詩」と「日本の俳句」について、考えてみたいです。

モンゴルで有名な詩人・ナツァグドルジ（一九〇六―一九三七）の「私の故郷」という詩は有名です。この詩の最初の四行を翻訳すると、「高い荘厳なヘンティー、ハンガイ及びサヤンの山　森林と厚い樹木の尾根一北部の美しさ　ゴビの砂漠メネン、シャルガ、ノミンの間　そして、南の砂漠の海　これは私の故郷　素敵な国、私のモンゴル」という詩です。

私が初めて読んだ日本の「俳句」は、松尾芭蕉の「古池や　蛙飛ぶ込む　水の音」という俳句です。

この二つを比べてみたいと思います。モンゴルの詩は四つ以上の行から作られています。また行の最初の字は同じでなければならない、という決まりがあります。

俳句は「五·七·五」の三つの行から作られます。内容に季節の言葉が含まれます。

モンゴルの詩は、ある物の美しさを説明したり、意識させたり、誇ることが多いです。これに対して、俳句は瞬間の感情を表すと思います。俳句は短いけれど、深い意味が込められていることが多いです。それを理解するためは、自分で想像し、考えることが重要です。芭蕉の俳句を見れば自然の美しさを感じたことがわかります。俳句は、ある物がなぜ美しいか、を小さいことで表現します。

最近は、モンゴルの詩人も日本の俳句のように短い詩を書き始めています。俳句は短いから読む人は楽であり、また、日常のことに合わせて書くから、わかりやすいと思います。

私は俳句に関心を持って、時々俳句を書いています。小さいことでも、気が付かなかったことを書いて、みんなに分かってもらいたいです。上手ではないですが、読んでください。

「ちへいせん　そうげんはしる　あおいそら」

行ったことのない「不思議な国」

クリスティアン・グティエレス
（ウルグアイ。ウルグアイ共和国大学・男・二十一歳）

まだ、行ったことはありませんが、「日本」はとても特別な国です。

日本に行ったことのある人に聞いたり、いろいろ日本の事を勉強すると、地球にあるどの国と比べても、他の国にはない違うところがたくさんあって、本当に特異な国だと思っています。

日本の歴史は長いですが、言語は一つで、制限があったので、隣の国とのコミュニケーションが難しかったと思います。「日本の国」は島でできていて、江戸幕府の時に他の国と交流がなくなったので、日本の文化は〝日本の中で作られた〟ということだと思います。

国は人が作るものです。「日本」に行った人に聞くと、みんな同じ答えを言います。

「日本人はとても優しい」とか「町がきれいだ」とか「文化とテクノロジーがすばらしい」とか。

私にとって、日本人の全員が優しいと信じるのは難しいですが、確かに日本人の道徳心は強いと思います。自然や環境を大切にしていますから、きれいな町や景色をいっぱい見ることができるでしょう。特に、各地の季節の色々な行事や祭りは有名です。例えば、桜の花見は、世界の誰でも一度は見たいと思うのではないでしょうか。

日本人の「どんなことにも頑張る精神」は尊敬することができます。頑張る精神は、子供の時から教えることが大切です。「立派な人間になること」は簡単なことではありませんが、人は小さい時から、自分で問題を解決することがとても大事で、日本では、小学校の時から学校で教えています。

いつも前に進むことを考えている国は、大事なことを決断しなければならないし、勇気ある決断をする決意を持っています。日本は、たくさん地震や津波があっても、日本人はいつも前を見て未来を考えながら進んでいます。

「仕方がない」という言葉は　ただ諦めるだけ、ですから私は好きではありません。

日本料理はすごく美味しいし、公共の交通はとても便利だそうです。日本は新しいもの、例えば、アニメや漫画やゲームなどを、これから作り出すでしょう。

本当の日本はまだ知りませんが、私にとって間違いなく、日本は面白くて「不思議な国」ですよ！

完璧ではないが、「素晴らしい別世界」

アエーシャー・ダルマシリ
（スリランカ。ケラニヤ大学・女・二十二歳）

アジア大陸の東にある、北東から南西にかけて弓のような形に並んでいる「日本」という島国に、私は何気なく心を奪われました。日本は世界第二次戦後から、経済が高度に成長し、豊かな国になったのは国民の努力のためだと思います。日本とアジアの真珠スリランカの間には空と土のほど差があります。日本は先進国ですが、スリランカは発展途上国です。

私は二年前、二週間だけ日本に行ったことがあります。

日本といったらすぐ思い浮かぶのは桜、ふじ山、おしんです。それは目に見える範囲です。日本人は礼儀正しくて勤勉で知的、そして真面目な国民というイメージを持っています。

日本のサービス精神、接客態度は素晴らしいと改めて思います。スーパーでは、いつも「いらっしゃいませ」と言ってくれます。スリランカでスーパーの店員さんに「すみません、にんじんはどこに売っていますか」と聞いたら「わからない。今忙しいので他の人に聞いて」と言われます。

また、日本のトイレにウォシュレットが付いているのをビディオで見たとき、世界的にものすごい珍しいものだと思いました。日本ではどこでも無料でトイレを使えると聞いてショックでした。立派な設備がないのにスリランカのトイレは一〇ルピーを払わなければならないからです。

そして、日本人は歩くのがとても早いです。日本はストレス社会であることが一つの原因ではないでしょうか?どんなことでも、日本人は時間にとても厳しいと思います。待ち合わせや会議などはもちろん、電車の到着時刻や宅配ピザが届く時間など日本人は少しでも「遅れる」ことは許されない行為です。時間に対して、プレッシャー、大きなストレスになってしまいます。

日本人の「本音とたてまえ」という二つのことは、日本人の本当の気持ちを理解できないから困ります。完璧な国はぜったいないし、日本について、「これはちょっと…」と思うことはあります。でも、日本は私の中でかなりの好印象です。テクノロジーの分野ではアメリカよりもずっと進んでいます。日本は誰もが好きになるようなオリエンタルでアジアっぽい雰囲気があると思います。私は、「日本」という国を表現するなら「素晴らしい別世界」だと思います。

「小確幸《しょうかっこう》」がいっぱいの国

劉超
（中国。天津工業大学大学院・女・二十三歳）

日本の作家・村上春樹氏はエッセイ集『ランゲルハンス島の午後』の中で、「小確幸《しょうかっこう》」という造語を作り、「小確幸とは、小さいけれども、確かな幸福というものだ」と説明しました。この造語を見た瞬間、『日本』という国にぴったり相応しいという感じがした。

日本は、正に「小確幸」がいっぱいの国だと思います。

世界の一隅に込み合って生活している日本人は、国土面積が小さいのに、人口がかなり多いという事実の下で、美味しい生活を送っています。日常の小さいけれども、確かな美を吟味して、確かな幸福を感じると思います。「おいしい生活」というのは、昭和時代に有名なコピーライター・糸井重里によって作られたものです。そのキャッチコピーが人気があるのは、広告として、お客様に販売するのは個々の商品より、一つのライフスタイルを提案しているからです。この面白い広告のキャッチコピーからして、生活風情を重んじる日本人が送っている「おいしい生活」も一つの「小確幸」と言えるのではありませんか。

日本人の繊細で、敏感な性格を表す日本の文学作品が少なくなく、外国人にとって、特に「もののあはれ」、「侘び」、「寂び」などの文学理念を理解することが難しいです。

俳句、和歌、茶道、花道、枯山水なども、自然に親しみ、自然の心に戻るすることを唱える日本人が生活の「小確幸」を探るために作り出した風雅な芸術でしょう。人々の生活に源を発する「小確幸」は、そのまま芸術という高度に至るのです。

日本は、「小確幸」を有する国だと言いたいです。保育所などに申請しても入所出来ない子どものため、子育て中の親が「保育園落ちた日本死ね」と言ったこととか、「経済再生」を目指す安倍内閣の「アベノミクス」などの「経済政策」とか、社会保障とか、平均寿命の延長とかは、国民に恵みを与える「小確幸」そのものではありませんか。

村上氏は、「小確幸がなければ、人生はただのかさかさした砂漠のようだ」とも言いました。近年、日本旅行ブームが続いています。多分、これも、海外の観光客たちが日本の「小確幸」を経験したがるからだろう、と勝手に推測しています。

「文化」の似ているところを探す

マリア・フロレッタ
（インドネシア。ブラウィジャヤ大学・女・二十一歳）

私は大学四年生で、四年間以上日本語を勉強しています。小さい穴から覗くように、日本のことはまだ一部しかわかりませんが、インドネシアと同じ「文化」があることを教えてくれました。昔から日本のアニメとドラマと映画を見て、主題歌をよく聞いて、とても日本に憧れています。初めて聞いたのは小野正利の「you are the only」という曲です。その時はまだ小学生で、歌詞の意味がわからなかったですが、ほとんど毎日聞いていました。聞いたら、心が和んでいて、夜はよく眠れます。中学生になった時、アクアタイムズとコブクロとMr. Childrenの曲を色々聞いて、「いつか日本で音楽家になりたい！そのために、大学で日本語の勉強をしたい！」と思うようになりました。

そして、大学に入学し、日本文学を専攻しています。日本文学を専攻してから、日本との絆が深まったように感じます。大学で日本人との文化交流会などに参加して、日本のことが少しわかるようになりました。ここに来た日本人の学生たちも、故郷のことをたくさん語って、「博多の豚骨ラーメンは一番おいしいよ」、「道頓堀に美味しいものが多いよ」、「群馬の草津温泉最高だよ」、「日本に来たら絶対札幌雪祭りに来てね」と色々言ってくれました。

そして、日本では、皆、ちゃんと信号を見て運転するから安全で、道を渡るのも安全だそうです。しかし、インドネシアは人口が多くて、乗り物も多くて、どこでも渋滞ですから、勇気を出さないと道を渡れません。しかし、大事なのは人間関係だと思います。日本の人は、初めてあった人に温かく扱います。それは「おもてなしの心」といいます。インドネシアでも「おもてなし」は日常生活の一部です。インドネシア人は、知らない人とでもすぐ仲良くできます。このことから、日本とインドネシアの習慣や文化などには違いがありますが、似てるところもあると思いました。世界も同じだといいですね。

文化の違いを理解することも大切ですが、「似ているところ」を探すことも大事だと思います。日本語を勉強して、そのことがわかって、とても嬉しいです。私もいつか日本に行きたいです。日本に行けば、日本の美しさと素晴らしさを体験することが出来て、同時に、自分の国・インドネシアの良さも、もっとわかるようになると思います。

一つの漢字を選ぶと、「風」です

ヤーズ・アルプ・オクル
（トルコ。エルジェス大学・男・二十六歳）

まず一ヶ月前の宿題について話したいです。

大学の授業で、「『日本』について、一つの漢字を選びなさい。そして、その漢字を選んだ理由を説明しなさ」というテーマの宿題が出ました。漢字を一つ選ぶのはちょっと大変でした。ようやく一つ漢字を選びました。その漢字は「風」でした。なぜこの漢字を選んだかを、説明します。

一二七四年と一二八四年、つまり、元寇の時に強い風が吹き、台風が来て、日本を助けました。台風のおかげでモンゴル帝国の船が沈みました。それから、この台風は「神の風」と言われていました。この言葉の意味は、わかりやすくて、とても強い言葉だと思います。だから「風」という漢字を選びました。

「神の風」といえば、ほかの意味もあります。第二次世界大戦の時、「神風」という言葉がよく使われていました。日本の「特別攻撃隊」のことです。そのパイロットたちは、一生懸命戦って、自分の国を守るために、自分の命を犠牲にして、死んでしまいました。このパイロットたちは

「神風」と呼ばれています。

そして、二〇一一年の東日本大震災の時に、福島第一原子力発電所で津波による事故がありました。そのとき福島第一原子力発電所はとても危険な状態でした。命が危なくても、原子力発電所の人たちは一生懸命、原子力発電所を守るために頑張りました。その人たちは第二次世界大戦の「神風」のように、自分の国を守るために出来る限りのことをしたと思います。

今の日本において、「神風」がどんな意味を持っているのか、よくわかりませんが、第二次世界大戦のパイロットたちも、福島第一原子力発電所の人たちも、日本を守るために、「神の風」のように戦いました。「風」が「『日本』はどんな国だと思いますか？」の答えです。

日本は、自分の国を守るために働いたり、戦っている人が多い「風」の国だと思います。がんばれ、日本、日本！

「レストランのタバコ」と「刺青（入れ墨）」

ヤン・マモノフ
（フランス。ストラスブール大学・男・二十七歳）

私は二年前に休暇で二週間日本に行きました。東京と富士山と京都を訪れました。それ以降、ストラスブール大学で日本語を勉強しています。

初めて日本に行った時はあまり上手く日本語を話せませんでした。なので、自分の行きたいところを見つけるのは難しかったです。しかし、困って道で地図を見ていると、たくさんの日本人が私のところに来て、英語で話しかけてくれました。そしてどの地下鉄に乗ればいいかなどを教えてくれました。私は彼らの行動に驚きました。日本人はとても親切だと感じました。フランスでは、見知らぬ人をこのように助けることはあまりないと思います。

日本に行って思ったことは、道にはごみが全く落ちていなくて、町がとてもきれいだということです。また、禁煙スペースが外に設置されているので、たばこのごみはあまり道に落ちていないところもとても良いと感じました。しかし、レストラン内でタバコを吸うことは禁止するべきだと思いました。フランスではすでに禁止されています。コンビニはとても便利だと感じました。

コンビニはあちこちにあって、24時間開いていました。フランスではこのように一日中開いている店はなく、日曜日には全ての店が閉まります。

けれども、日本にも悪い点があります。私が刺青（入れ墨）をしているせいで、いくつかの場所に入れないことがあり、とても悲しい思いをしました。外国人は皆やくざではないし、私がやくざでもないことは簡単に分かると思います。日本はもっと刺青に関して寛容になるべきだと感じました。

日本でしたことで一番良かったことは、日本庭園を訪れたことです。そこはとても素晴らしかったです。行くたびにまるで違う世界に入ったかのようでした。日本で見たものの中で一番きれいなものは、富士山でした。富士山に向かう電車の中で初めてそれを見た時、自然と涙が出ました。しかし、残念なのは、日が落ちるのがとても早いことです。フランスの夏は、夜の22時まで日が落ちません。

日本について思う点はまだまだありますが、確かなことは、私が今まで訪れた国の中で日本が一番美しく、きれいで、人々が最も優しく、親切だということです。これから日本のたくさんの場所を訪れたいです。そして日本に行って勉強して、もっと上手に日本語を話せるようになりたいです。

一番好きな「本音と建前」

ノッパスィット・ウォンスィリ
（タイ。ウボンラチャタニ大学・男・二十一歳）

皆さんは日本語から何をもらいましたか。私はたくさんのことをもらいました。今、私は毎日、日本語の科目を勉強しています。たとえば、文法とか漢字とか日本語の文化の科目とか作文などです。勉強している科目の中で日本の文化の科目が大好きです。

日本語を勉強することで私自身を見つけることができました。自分をよく知ることができ、好きなことが何が分かりました。日本の文化が好きで、もっと詳しく勉強したいと思いました。

高校二年生の時に、日本語の文化の科目を勉強しました。一番好きなのは「本音と建前」のことです。

初めてこのことを勉強して、素晴らしいと思いました。私は気がつきました。こんなことはタイではないです。もしかして、日本人の考え方が分かるかなと思いました。たとえば「今日の夜ご飯にお好み焼きと天ぷら、どっち食べたい？」と聞かれて、「建前」の答えは「どちらでも食べたいです」と言います。でも本音では「どちらも食べたくない」と思っているのが答えです。

私は日本人のこの文化が素晴らしいと思います。

この文化を勉強した後に、私は「日本人は相手の気持ちを大切にしている」と思いました時々、本当の事を伝えないといけないと思いますが、この文化はいいと思います。日本語を勉強することで私自身を見つけることができました。自分をよく知ることができ、好きなことが何か分かりました。日本語は勉強すればするほど難しくなりますが、勉強がつまらないとか、止めたいという気持ちは全然ありません。

どんなに難しくても私は絶対に諦めません。皆さんは日本語から何をもらいましたか。

日本は「心の鈴蘭」

陳 柯君
（中国。山西大学・女・十八歳）

三月のことだった。姉妹校から来た一人の日本人留学生と友達になった。彼女に中華料理を体験してもらうために、ギョーザ屋に案内した。昔から中国ではお客さんを手厚くもてなす伝統が根強く残っている。その日、私も歓迎の意を表すため当然のように必要以上の料理を注文し、結局、食べ切れなかった。無駄になるような気がしたので、料理を包んでもらうことにした。袋に入れようとするとき、留学生友達は「びっくりした。日本では持ち帰ってはだめだ。」と言った。

「え?　食べ残しが多ければ、もったいないじゃないの。」と私は聞いた。

「それはそうだけど、基本的に日本料理の量は人々が一回食べ切れる量を出す。」と彼女はにこにこして教えてくれた。そうすれば、メンツが立つだけでなく、食物も節約できるのです。

中国では料理を残すのは「メンツ文化」と考えられている。もてなす側が注文すればするほど、熱心さを表すが、その一方で、いつの間にか料理を食べきることはメンツを失う行為だと考える中国人の若者が増えてきた。普段友達と外食をするたびに、多かれ少なかれ食べ物を残すことは、もうお互いの暗黙の了解となった。政府の節約スローガンに応じて持ち帰る場合もあるとしても、ある程度の食べ残しはそのまま放置してしまっている。しかし、「塵も積もれば山となる」、どれだけたくさんの食べ物が無駄になってしまったかまでは想像がつかなかった。

日本の友達の理性的な暮らしぶり、及び生活に対する誠意に感動させられた。生活を尊重し、誠実に日々を過ごす姿勢は印象に残っていた。人間は社会環境に左右されやすい。人民はその国の縮図であり、思わず彼女の祖国について思いを巡らせた。

世界は花園だ。様々な花があるからこそ、活気に満ちる。各国は花だ。中国は華やかで熱心な牡丹、日本は天然で素朴な鈴蘭とは言えないか。日本語を学び始めてから、「日本という国は桜のように燦爛です。」という話をよく聞いた。なんとなく満開の桜は絢爛過ぎて、近づきにくいイメージを持っていた。しかし、今度の体験でそうではないと強く感じた。

「日本という国」に、「君は私の心に咲いている鈴蘭です」と言いたい。

心から人を気遣う「思いやり」

孫 青柔
（中国。東京大学大学院・女・二十二歳）

日本に来る前に「思いやり」という言葉をよく耳にしていた。大学時代に、先生は、その言葉には適切な中国語訳が見つからないと言われた覚えがある。いったいどういう意味だろうか、と気になって、調べたら、だいたい〝关心、照顾〟（面倒を見る）という訳が多かった。

なるほど、日本人は面倒見がいいのか、という考えを抱いたまま留学に来日した。

そして、バイトで小さな出来事を体験し、日本人の「思いやり」は、単に、人の面倒を見るというだけのことではなく、「心から人のことを思って、気遣いをする」ということだと、わかった。

生活費に追われ、コンビニでのバイトを始めた。レジをする際に、お客様を待たせないように、列に並んでいる後ろのお客さんを、隣のレジに呼んで会計をするのは暗黙の了解である。

しかし、ベテランの店員と一緒にシフトが入ったある日、いつも通り並んでいるお客さんを自分のレジのほうへ来てくださるよう声をかけたら、ベテランの店員にそれを呼び止められた。いつも親切だったその店員さんに初めて怒られた。お客様を待たせるわけにはいかないから、私は間違ってないと思いながら、ちょっと不快を感じた。

後で、その店員の話を聞いた。レジとレジの間の距離が近いので、会計済みのお客さんと会計待ちのお客さんがレジのところで、ぶつかることが起こらないようにしなければならない。それを防ぐために私に注意したのだった。

「あー、これがいわゆる日本人の『思いやり』だな」と納得した。

私もお客様が早めに会計できるように声をかけたつもりだが、私が声をかけた時は、お客様がぶつかりそうになったので、それを防ぐための注意だったのだ。そこまで考える「日本人の思いやり」には及ばなかった。日本に来て、このことが一番印象深かった。

どうしたら人のためになるのか、どのように設計したら人の生活がよりよく過ごせるのか、そうした「思いやり」の考えに基づいているからこそ、日本のサービス精神が世界中に評価され、日本人に親切な人が多いというイメージを各国の人に与え、そして、日本製の商品が世界中に好まれているのだと思う。

親切さを教えてくれた「和」の精神

朴 起範（パクキボム）
（韓国。関西大学大学院・男・三十五歳）

『日本』という国について、最初に思い浮かぶことは、「和」という精神です。

インターネットがなかった幼い頃、日本を最も身近に感じ、学ぶことができたのは漫画という世界からでした。楽しんで読んでいた「ドラゴンボール」や「ドクタースランプ」などからは日本漫画の固有の世界観を感じることができました。さらには、日本独特の文化と思想、そして価値観も学ぶことができました。特に、中学時代に「スラムダンク」を読みながら、人と人との「縁」の大切さと「調和」の重要性を価値観として持つようになりました。そして、大きくなり、日本に留学に来たことで、ようやく「スラムダンク」を通じて作家が伝えようとしていた「和」の真の意味を知ることができました。

幼い頃から日本の文化に接し学びながら、いつも感じていたことは、日本に行って生活をし、日本について学びたいということでした。このように幼い頃から抱いていた夢は、年齢を重ねても、諦めることができず、必然的に自らを留学へと導いていきました。

しかし、大きな期待と夢を持ち始めた留学生活は順調なものではありませんでした。特に、拙い日本語の実力は学業にも日常生活にも、とても大きな障害となりました。日本は漫画のように想像力が溢れていて、楽しいことばかりの世界ではありませんでした。最初始めたアルバイトでは指示されたことを反対の意味で理解したり、学校ではチーム課題のことで苦労したこともありました。

しかし、そんな時、私に手を差し伸べ、助けてくれたのは、日本に来てから結んだ「縁」と、その縁との「調和」でした。結んだ「縁」は私が分からないことを親切に説明してくれ、私に足りないことはチームで「調和」を取ることで補い合い、助けてくれました。それが、『日本』の「和」の真の意味でした。

このように、大昔の大和政権から始まった「和」の精神は、長い時間を経て、慣れない環境にいる私にも、『日本』という国の親切さを、そして楽しさを教えてくれました。

気がつけば日本での留学を始めて三年、幼い頃は漠然と学び、大人になってから確実に感じた「和」を、私は今、誰かに伝えようとしています。私から先に歩み寄り、手を伸ばし、日本からもらった掌のぬくもりをまた誰かに伝えることで、この「和」をつなげていきたいと思います。

このように、私にとっての『日本』という国は、「和」で始まり「和」で結ばれていきます。

【努力賞】―留学生

制服への「こだわり」

曹 馨文
（中国。群馬大学・女・二十歳）

最近、私の友人が就活に取り込んでいる。しかし外国人なので、やはり最初は日本の就活がよく分からなかった。そして、ある日本の先輩の指導をもらう過程で、理解しにくいことがたくさんあった。

説明会の数日前、彼女は私服で参加するつもりだったが、先輩に止められた。説明会は面接ではなく、さらにスーツを着る必要がないと明記されているが、先輩は彼女をスーツに着替えさせた。さらに先輩は彼女のカバンを見て、買い換えようと言った。彼女には、どうしてカバンの種類まで限定するのか、さっぱり分からなかった。先輩も「そうだね、よく考えると自分も分からない」と笑った。

どのような時にどのような服を着るのかという「こだわり」は、恐らく日本の「制服文化」が生んだ一つの原因だと感じた。子供の時見たアニメの中で、かわいい制服を着たいという動機で高校を決めるというシーンがあり、不思議だと思った。そして実際に日本に来てみても、やはり第一印象は制服だ。小学生から、施工労働者、レストランの店員まで制服を着ていて、一目瞭然で職業がわかる。

中国で制服が厳密に決まっていない建設業の労働者を見ると、地位が低い大変な仕事だと思い、少し同情をしてしまう。しかし、日本できれいな黄色い制服を着る労働者を見ると、彼らたちはこの都市の建設業者で、尊敬に値する仕事をしていると思え、初めてかっこいいと思った。

中国では、普通の仕事に制服を規定することは少ない。そして色眼鏡で職業を見る人がいるから、制服は仕事場だけで着る服になっている。しかし、日本の街では、制服を着ている人をよく見かける。

日本人がこれほどまでに制服を愛している理由が二つあると考えている。一つ目は日本人がもっと平凡を喜び、しっかりと地に足を付けているからだ。普通の仕事だとしても自分の仕事を誇りに思い、情熱を持っているから、自信満々で制服を着て街を歩いているのだろう。二つ目は制服とは仕事に対する敬意だと思われているからだ。日本は制服をプロがデザインしている。少々大変な仕事でも制服のためにプライドとその仕事への偉大さを感じることができる。

人は平凡に生き、職業に貴賤はない。人の目を怖がる必要はない。人前に自分の職業を晒すことを怖がる必要もない。もしもっと自分の仕事に自信を持って生活したいなら、制服はいいきっかけになるのではないだろうか。

【努力賞】——留学生

双方向の「親しみ」を持てる国

諶 芷萱
（台湾。早稲田大学・女・二十歳）

日本の留学生活は三年目になり、日々、日本文化の驚き、感心、また新たな体験が数え切れない。お客様に対するおもてなし、食のこだわり、生活から湧くアイデア、人々と接する価値観、日本人も苦手な敬語、強い集団意識、しみじみとした気遣い、サブカルチャーの発展、アニメなどのオタク文化、わいわいがやがやしている飲み会文化、社会的な上下関係、また、西洋への憧れと恐がりなど。毎日様々な斬新な日本の一面を、実感している。

国際的に評価されている日本は「和」の国、「おもてなし」の国、「アジアの中の先進国」などだ。日本に留学して特に感じるのは、「日本」は「台湾と親しみやすい国」だ、ということだ。

バイト先で、お客様に「チェン（諶）さんはどちらの国の方ですか?」と聞かされることがある。「台湾です」と答えると、相手の反応は、ほとんどが「台湾はいいところですよね！」とか、「台湾大好きです！」というお褒めの言葉です。

第二次世界大戦の時代背景で生まれた日台関係だが、現在の日本の若者たちも様々な台湾の魅力を感じているようだ。お客様が語った台湾旅行の思い出によると、有名なアニメ「千と千尋の神隠し」の舞台の一つになった「九份」の夜の景色、まるで映画のように輝いていたという。安く食べられる夜市のワンコイン屋台料理は日本に戻ってきても恋しい味のようだ。そして、台湾人の熱情的なパッションとしみじみとした人情味は、台湾旅行の最高の醍醐味だそうだ。そして、台湾を好きになったという。

台湾は親日国だ、とよく言われるが、同時に、「日本」は親台国ではないでしょうか。友好とは、単なる一方交通の友好だけでは出来ない。必ず両国の人々が双方向の親しみを持つことが大切です。

日本人が台湾に親しみを持っていることは、日々の留学生活で感じられる。今でも鮮やかな印象として残っているのは、近所の自転車屋さんのおじいさんだ。私の初めての日本人の友達です。私が台湾人であることを知って、二十年前に台湾旅行をした思い出を色々話してくれた。嬉しそうな顔をして、その時に撮った白黒写真を自慢気に見せてくれたのがずっと忘れられない。

台湾のことを大切にしてくれる人に感謝の気持ちでいっぱいです。

二十年後の私も、おじいさんと同じような気持ちで、日本の思い出を大切にして、楽しく話ができるように頑張りたい。

【努力賞】―留学生

一緒に困難を乗り越える国

チャエム・ソンレン
（カンボジア。宇都宮大学・男、二十二歳）

私は二〇一三年にカンボジアで高校を卒業してから大学の日本語学科に入った。日本語を勉強する前に、日本語を聞いたこともないし、ゼロからの勉強だった。最初は日本語を勉強する目的を意識していなかった。日本語だけに注目し、日本はどんな国か、日本人はどんな人か全然考えていなかった。

日本語を勉強して一年間経った時、日本人と話すと、いつも「日本語が上手ですね」と言われた。本当に嬉しかったが、よく考えてみると、嘘だとわかった。先生がいつも日本人はお世辞を言うのが得意と言ったからだ。

三年間経った時、大学から、「一年間日本に留学する」といういいチャンスを与えてもらった。ようやく私の夢が叶って二〇一六年九月に来日した。日本に来て最初の一週間は寂しくて、帰国したい気持ちがいっぱいだった。でも、知り合った一人の日本人が私をいろいろ支えてくれた。彼の友達をたくさん紹介してくれた。その時から私の寂しい気持ちもだんだんなくなって、日本人にネガティブなイメージもなくなった。忙しいが、私は日本での生活をとても楽しんでいる。日本人の性格をわかるようになった。日本人は、なかなか仲良くなれないが、一度友達になったら大事にしてもらう。本当に優しい気持ちの人たちだ。例えば、好きではないものがあったら、「いや、これ嫌い」とは言わないで「これはちょっと」と言う。相手のことをよく考えて、相手が困らないようにしているからだ。

二〇一一年三月十一日に日本で大災害があった時、被災した人たちが、みんなと一緒に困難を乗り越えようとする姿は、世界中に「素晴らしい日本人」を示した。日本人は本当に優しい人たちだと思う。

日本の国は本当にきれいなところだ。どこに行ってもごみはほとんどない。車やバイクを運転する人たちはちゃんと交通ルールを守っている。全国どこへでも電車で簡単に行ける、日本は羨ましい。

日本に住んで半年だがいろいろな新しいことを体験した。さらに日本人の生活や仕事を勉強したいと思っている。そして、帰国してからカンボジア人に日本と日本人の素晴らしさを伝えてあげようと思っている。カンボジアも日本のようになってほしい。日本は私の第二目の故郷だ。私は日本が大好きだ。

【努力賞】―留学生

集団意識が強い大学の「部活」

任 偉溱
（中国。一橋大学・男・十九歳）

私は大学のワンダーフォーゲル部に所属している。今年で六十七年目を迎えるサークルだが、長い歴史の中で、外国人留学生の入部は私が初めてである。この団体が長年存続している背後に、日本人の何かがあるのでは、という疑問を持ち入部した。外国人という視点でその答えを見つけようとした。

一年の活動を通じて、少しずつその答えが明らかになってきた。まず、日本人には強い集団意識が存在する。集団を動かし、運営するために、みんなが力を出している。個人個人ではなく、集団全体のレベルを上げることを目標としているのも日本の部活の特徴である。そのため、上級者から初心者へのサポートが多く見られる。そして、集団意識を持つ部員は、集団に対する責任を感じて、積極的に「新歓（新入生歓迎コンパ）」などに参加して、集団に役に立とうとしている。

二つ目の理由は、ルールに従うことである。各集団には「明文化されたもの」と「暗黙」のルールがある。そのルールは変えられることは少なく、長年引き継がれている。そのルールの下で、部員は一人ひとりが先輩から教育を受け、必要とする能力などが身についたら、また後輩に教えるという循環が繰り返されている。そして、毎年どの時期に、どういう活動をするのかも恒例となり、何もかもルーティン化され、みんなはそれに従っているため、集団は非常に安定している。

最後に、日本の大学生は、自己紹介の時に必ず、自分が所属しているサークルを紹介する。均質化された日本社会において他人と区別する手段なのかもしれないが、日本人は、趣味に相当の時間と精力をかけている。そのため、部活も趣味をする場として大切にされている。部員は、新入生を加入させようと必死になり、OB、OGはお金を出して、部活の活動を支援し続けている。

しかし、団体を存続させる日本人のこれらの素晴らしいところも、時に外国人である私を戸惑わすことがある。例えば、集団に暗黙のルールがあるが、それが説明されることなく、自分がそれを分からないため、適切な行動をとるためにどうすればいいか分からないことがある。そして、みんな一人ひとりのキャラが鮮明で異なっているのだから、あまり集団意識が強すぎると、同質の人だけが集まり、小さい集団として外部から閉ざされているような気もする。

みんながいる「自分の居場所」

顔 夢達
（中国。熊本大学・男・二十一歳）

熊本へ留学に来たのは半年前のことだ。日本で友達を作ろうと思ったが、最初は生活の接点が殆どなく、浅い付き合いしかなかった。しかし、大学や地元で様々なイベントに参加するうちに、私は次第に「自分の居場所」というものを知った。

日本人の付き合い方は、同じ場所にいる人々とのかかり合いを大事にしているようだ。例えば、大学の研究室で読書会が開かれるとき、まずはお茶を入れ、気軽なお喋りから始まる。その何気ない普通の会話から、穏やかな雰囲気が作り出される。初めての参加でどぎまぎしていた私が、落ち着いてその場に溶け込むことができたのは、まさにそのおかげだった。ほんの些細なことにすぎないが、そこから日本人との付き合い方がわかった。つまり、だれか特定の一人ではなく、「人が集まる場所」で他人と親しみ合うことだ。

「デジタル版・日本語教材【『日本』という国】」という教材の『八章・日本人の「行動様式」』には、「日本人は集団志向が強い。具体的な利益だけでなく、精神的な安心も得られる」という一節があった。このような安心感が持てるのは、同じ居場所を持つ仲間がいるからだと思う。

そう考えたからこそ、私はその読書会以来、しばしば研究室を訪ねるようにした。日々の挨拶から定期的な食事会まで、研究室のメンバーたちと共に過ごす経験を少しずつ積んでいくだけで、留学生活は一層楽しくなってきた。この春休み、研究室の飲み会に誘われた。そのメンバーたちとのつながりがさらに深まり、心に暖かい充実感が湧き上がってきた。飲み会のみんなと笑顔で向き合い、息を合わせるように楽しむことが、心から嬉しいからだ。

また、日本人同士のつながりには、「町」という意識も非常に重要である。それは、親類縁者を中心とする中国の人情意識とは大きな相違点だと言える。例えば、地方の祭りに行くと、自然と長い仮装行列をした人々が見られる。その行動には、一種の連帯感がある。それは、同じ所に生きる人との絆によって体得した帰属感でもある。それに比べ、今の中国には、町の人たちが協力して賑わいを作るような祭りは消えつつある。その意味では、「人とのつながり」を重んじる日本人の心は学ぶべきものではないだろうか。

私は、人とのかかり合いを大切にする日本が素晴らしいと思う。逆に言えば、日本人と親しくなるには、先ず「みんなのいる場所」を見つけなければならない。共に楽しむ人と、同じ時間を過ごせる場所を持つのは幸いなことだ。その場所をより快く過ごせるように、自分も力を出していけば、いつか、そこは「自分の居場所」になるに違いない。

【努力賞】―留学生

素敵！「バカまじめな日本」

レブヤン・マギストラ・ユリスティラ
（インドネシア。東北大学・男・二十二歳）

小学生の時、僕は初めて〝恐怖〟を知った。それは歴史の授業だった。日本がオランダからインドネシアを解放した、いや、奪ったことだった。日本はスマトラ島より小さいはずなのに、どうやったらオランダに勝っていたかと考えた僕。これは一つの小さなきっかけだった――。

四年前、僕はママに電話した。「ママ、僕日本の大学へ留学することに決まったよ」。

「はあ？　なんで？」。なぜかちょっと嫌な声で聞くママ。

「いやあ、学校に奨学金情報があったから、ちょい試しに」

「まあ、受かったらいいよ。自分がやりたい事をやればいいよ。あなたの兄たちみたいにしないよ」

僕には二人の兄がいる。彼らは自分のやりたい事が親にあまり許されなかった。今回はもう気が変わったみたい。

数日後、面接日が来た。なんということだ。日本人の先生方が直接、面接しにいらっしゃいました。最初は驚いたが、よく考えたら「流石日本」と思った。何が流石か、それはその真面目さだ。だって、わざわざ八時間を使って、インドネシアに来られました。感心した。僕は真面目に質問を答えて、無事に日本に来ました。

＊＊＊＊＊＊＊＊＊

初感想は「綺麗だな」。後は、「凄いトイレハイテク」、「新幹線早い」、「英語下手ね」。いや、最後の感想は自分にも言うものです。本当です。すいません。

僕は東北大学に入学した。英語コースに入った。化学を学んで、日本の社会を観察している。勉強は勿論、アルバイトもした事がある。今まで色々あったが、今年の九月に卒業予定です。一年間の留年だが、経験が沢山貰った。良い事から悪い事まで。

「十人十色」ということわざがあるが、僕は、日本は「十人一色」がピッタリと思う。いい意味でも悪い意味でも。みんな一緒、みんな良い。平等で平和がある。違う色があったら、なんだかんだで、同じ色になる。郵便局のCM「バカまじめ」も日本の姿だと思う。

バカ程に真面目な日本人。一方、インドネシア人は「真面目バカ」だ。真面目にバカな事をするインドネシア人。なんか急に目から涙が出そう。これが、ぼくの考えた『にほん』です。無茶苦茶ですが、やっぱり「日本」が素敵です。

【努力賞】―留学生

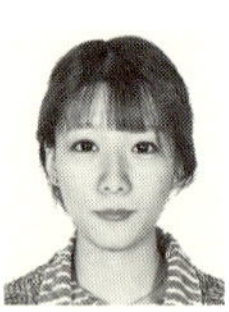

「おもしろい」日本

劉 天琦
（中国。山口大学・女・二十歳）

日本に来て以来、「おもしろい」という言葉を何回も聞いた。これは褒められているのだろうか、それとも、からかわれているのだろうか。分かってきたのは「おもしろい」は好意的なことばであって、否定的なものではないということだ。たしかに、日本は、いろいろなことが「おもしろい」。そして、日本に住んでいることも「おもしろい」！

町で道を尋ねると、誰に聞いても辛抱強く教えてくれて、ある人は、私を行きたい場所へ連れて行ってくれる。日本に来たばかりの外国人にとって、安心させる日本だ。親切な日本だ。

日本人にプレゼントをあげたら、その次に会ったとき、「先日のプレゼント、どうもありがとうございました。」という話をよく聞かされる。礼儀正しい日本人。しかし、感謝のことばを繰り返して、または単なる感謝のために返礼の進物をあげることは、いつのまにか最初にプレセントをあげたときの気持ちを変えてしまって、物々交換になってしまう。面倒くさい日本！

言うまでもなく、まじめな日本。通勤電車、バスはその雰囲気に満ちている。しかし、夜遅い時間の電車は酒臭い、飲んべえ日本。

日本でアルバイトしてから、日本の店にも自分の理解がある。仕事中いつもきちんと洋服を着て、ネクタイをつけて、几帳面な日本人。だが、職場を出ると、人が変わる。居酒屋に座って、何杯も何杯もビールを飲みながら、大声で騒いている。うるさい日本だ。しかし、それも別の角度から見れば、ストレスがたまりすぎる日本。だから、非難すべきほどではない、退社後の飲み会は、彼らのストレスの解消法になっている。

外国に住んでいれば、どこの国であろうと、「おもしろい」発見があると思う。同じアジア人として、たくさん文化と習慣の違いを感じるところがあり、不思議に感じることもある。半年ぐらい日本で暮らし、生活には慣れたが、毎日思いがけない出来事が起こり、相変わらず日本は「おもしろい」と感じている。今後もきっと日本の「おもしろい」ところをもっと発見できるだろう。

これからの留学生活を、もっと大切にしたいと思う。

「異なる文化」を受け入れる勇気

張 意均
（台湾。同志社大学・男・二十一歳）

現在の私は住み慣れた場所から離れて、言語や文化の異なる国、日本に移り住んでもうちょうど二年半です。いろんな人と出会って、楽しく話してきました。でもまだ「いい関係」にはなっていないかもしれません。それは難しくて、これからの努力次第です。

例えば、日本人は「はい、いいえ」をはっきり言わないのでわかりにくいと言われています。もっとはっきり言うべきだと言う意見に私は反対します。なぜなら、こういう言い方も日本のひとつの文化だと思うからです。日本人にとってあまり他人を傷つけない方がいい、はっきり「いいえ」と言うと、この人に拒否されたんじゃないかなと思われることもあります。

多くの日本人は、仮にその意見に反対であっても、「なるほど、あなたがそう考えるのはよくわかります。でも、私だったら、それをさらにこうすると思います」とか、「悪くないですね。でもさらにこのようにできたら、もっとよくなると思う」というような言い方で、相手の立場を尊重した言い方をします。これに関しては、私は外国人の立場から聞いても、全然わかりにくくないと思います。何故かと言うと、私自身の人に対する話し方も控えめだと言われているからです。初めて日本の方と話した時も私はそのような言い方に慣れていたので、大体その「言葉の意味」の裏までわかって、特に違和感は持ちませんでした。

でも、たまにこういう曖昧な答え方で返事されると、少し不満に思う事もあります。たとえば、わたしが日本人の人に「一緒に買い物に行きませんか」と誘ったとき、相手があまり行きたくなさそうな顔をしているのに、「忙しいから」とか「その日は勉強したい」などと断られると、なぜはっきり「行きたくない」と言ってくれないのかと残念に思います。もし私の場合だったら、言い訳を探さずに、「あまり行きたくありません」と直接相手に伝えると思います。そうしたほうが、相手に自分がしたいこと、したくないことがはっきり伝わるのでいいと思います。もし言い訳ばかりしていたら、相手は本当の自分の気持ちがわからないと思います。

日本人ははっきりNOと言わないかもしれないけど、ポーカーフェイスが得意な国民ではないと思います。言葉にはしなくても、表情や態度に感情が現れることが多いから、これを見破る力が必要になってきます。日本人も外国人も互いをよく観察して、理解しようとすることが大切なのだと思います。

私たちはこの「文化」を改めるのではなくて、自分からこの「文化」を受け入れた方が正しいのではないか、そして自分から行くという勇気が大事だと思います。もし言葉を間違ったら、次の機会で直せばいいんです。いろんな失敗をすれば、自分の成長になるだけではなく、相手の外国人もきっとお互いが伝えたい意味を理解し合えるようになるのではないでしょうか。

「細かいことに配慮する」日本人

廖 韋娜
（中国。九州大学大学院・女・二十三歳）

世界地図を広げてみると、日本という国のイメージはまず「小さい」ということだ。とりわけ近隣の中国やモンゴル、さらにロシアと比べると、その印象が強い。

この「小さい」国に初めて来たのは二〇一五年九月二十五日だった。初めての出国なので、不安な気持ちを抱きながら福岡に着いたが、出迎えから荷物の運送、寮行きのバス、新入生のサポーターに至るまで、新入生に対するサービスがすべての不安を解消できるほど非常に完備している。ここでいう「完備」いう言葉は、「細かいことまで配慮している」という意味だ。

そうした日常生活だけではなく、「細かいことに配慮する」という日本人の性格が、日本の製品から学術研究まで、様々な面に体現されている。例えば、個人的に大好きな日本の文具についてみると、質はもちろん、良い使い心地や便利さなど、消費者の立場から、「細かい」ところまで文具の可能性を探究している。その結果、日本の文具における種類や機能の多様性という優位性が生まれることになる。「細かい」ところまで探究するという日本人の精神が今、中国のマスコミの評論の中でもよく登場している。

ほかにも、近年、ノーベル賞受賞者には日本人の姿が段々と増えている。学術研究の面においても、やはりその「細かい精神」によるところが大きいのだろう。

また、日本文学に目を移してみると、日本近代文学の特徴は、やはり〈私小説〉を見逃せない。なかでも、田山花袋の『蒲団』や太宰治の『人間失格』のように、作者が自分の主観的真実を告白しているものが特に多い。時代や社会の暗黒を批判する社会小説より、心の深いところに隠されている人間の感情や心理を探究する「私小説」がやはり日本文学の特徴を代表している。つまり、日本人における「繊細さ」、或いは、「細かい精神」が体現されている。日本文学はある意味で「繊細な文学」と呼ぶことができると思う。

世界地図における「小さいこと」から、日常生活や日本の製品及び学術研究、さらに日本文学に、至るまで、「細かさ」が見える。その「細かさ」の背後における精神も、この国と国民の性格を投影している。日本は、いろいろな面で、さらに頑張っていくことだろう。

「書道」から「母語」の大切さを知る

カパロワ・アルトゥナイ
（キルギス。社会人・女・二十二歳）

キルギスは、一九二二年から一九九一年までソビエト社会主義共和国連邦十五ヶ国のうちのひとつでした。その頃、キルギスではロシア語がわからなければ入学も就職も難しかったため、ほとんどの人はロシア語を勉強しました。その後、キルギスはソ連から独立して二十六年経ち、国民のほとんどがロシア語とキルギス語の二つの言語を話すことができます。しかし、首都のビシュケクでは、ほとんどの人がロシア語しか話しません。お店にはロシア語のメニューしかありません。また残念ながら、キルギス人なのに、キルギス語がわからない人もいます。私もロシア語の学校で勉強してきたので、キルギス語よりもロシア語が得意ですが、地方に住んでいるので、生活の中ではキルギス語を使います。

けれども、ビシュケクでは生活の中で、ほとんどロシア語を使うため、キルギス語を覚えなくなってしまいました。これはとても悲しいことです。

日本文化に興味を持つようになってから、「母語」についてよく考えるようになりました。

私は日本のすべての文化が好きですが、一番好きな文化は「書道」です。「書道」の作品はとても美しく、文字を書く事が文化になっているところがとても良いです。また、「書道」を通して昔の言葉や昔の人の考えを学び、今の時代の人に伝えることもできます。これは日本人として国民性を守ることができ、とてもすばらしいと思います。

キルギスには、このような文化はありませんが、先祖から受け継いできた文化がたくさんあります。

マナスというキルギスのヒーローについて語る文化があります。ロシア語しか知らないキルギス人はマナスの話を伝えることは出来ません。直訳できない言葉がたくさんあるからです。また、それをロシア語で話したら、キルギスの文化ではなくなります。

日本の「書道」のように、文化は言語とつながっているとわかりました。また、文化を学んで未来に伝えていくためには、必ず「母語」が必要と思いました。日本人は昔からずっと日本語だけで生活してきたため、たくさんの文化が守られたと思います。日本文化を学んで、「母語」の大切さを知ることが出来ました。私たちも、日本と同じように文化を伝えていくために、これからもっと母語を大切にしていきます。「母語」を大切にすることで、キルギス人の国民性を守ることができると思います。

「子供の自立」を重視する国

グエン・タォ・グエン
（ベトナム。社会人・女・二十六歳）

私はママになってから日本人の子育て方法を勉強し始めた。日系企業に勤めた私は日本人の独立性が魅了的だったからだ。子供の時にしっかり教育されているに違いない、と考えた。

まず考えたのが、なぜベトナムより日本の子供たちが早いうちに自立性を持っているのかということだった。両国の子供達の「食事」を比較してみることに気付いた。

ある日、日本人の同僚の家族と一緒に食事したことがある。四歳の女の子が箸を使いこなし、ママに全く迷惑をかけずに好きな食べ物を自分で取って食べていた。日本ではこれが当たり前だと言われるが、ベトナムでは、子供の食事は親との戦争場みたいになる。離乳食から四歳ぐらいまで、ママはスプーンで食べ物を口に入れて強制的に食べさせなければならない。毎日、食べながら泣いている子供が多い。その違いの原因を探り出すと、日本人は食べる量だけではなく、栄養のバランスも注意するようだ。そして強制的に食べさせることはせず、子供に食事の大切さと楽しむことを教えて、自然に子供が美味しく食べるようにしているのだ。

日本の子供が自力で食事を済ませるだけではなく、自分で服を着て、靴を履くのもできるようだ。最も驚いたのは、小学生が一人で電車で通学することだった。日本の治安が安全だという話は聞いていたが、子供の自立性を改めて知って感激を受けた。

最近、インタネット上の動画で小学校の給食時間を見た。昼ごはん時間に、当日の担当チームの児童達が台所までクラスメート四十人分の食べ物を取りに行った。重いのにお互いに協力して教室まで運んでいた。残りの子は自分の食器を机の上に準備し、「ありがとう！」と一斉に言った後、みんなで楽しく一緒に食べていた。食事後、自分たちで片付けていた。リサイクルするためにミルクパックを洗って干していた。子供たちの姿を見て、チームワークと自立性の素晴らしさがよく実感できた。

これに対して、ベトナムでは先生たちが給食を一人ずつに配り、食事後は、後片付けをする大人がいるので、子供たちは何もやらない。

子供が自立できるためには、家庭だけでなく学校での日常の教育が大事だと気がついた。子供が自立するために日常のことからしっかり教育されているのは基本中の基本だと思う。日本の子育て教育をこれからもっと学習して我が子に教えていきたい。そして、ベトナムの多くの母親に、日本の子育て教育をもっと伝えたい。

苦しくも、楽しい「日本語の勉強」

E・チョローンチメグ
（モンゴル。社会人・女・二十六歳）

「日本」というテーマで考えてみると、大学に入学した時のことが頭に浮かんできます。

大きな希望を胸に抱いて、モンゴル国立科学技術大学（言語学部日本語学科）へ行った時、地方出身の私には驚くことばかりでした。キャンパス内が広く、教室も多く、人が大勢いたので迷うこともありました。日本語の勉強も発音や漢字の書き順、日本語を聞き取ることも大変でした。しかし、苦しくても何より一番楽しかったのも日本語の勉強でした。

なぜ私が日本語を学び始めたかと言うと、大学での専門はエンジニアで、日本は技術が高い国だというイメージがあったからです。その時から私は「日本」という島国と密接に結びつきができたのです。大学時代に、在モンゴル日本大使館などの招待で、遂に私は大好きな日本へ二週間行くことができました。実際に行って見ると、想像していたよりも、もっと素晴らしかったです。日本人の優しくて親切なところが気に入りました。駅で迷った時、道が分からない時、ものを無くした時、いつも助けてくれたからです。

日本とモンゴルの架け橋はやはり相撲だと思います。モンゴルでは日本の伝統的なスポーツである相撲がとても人気です。朝青龍、日馬富士、白鵬などのモンゴル人力士が活躍したので、モンゴル人はテレビでよく見ています。また、モンゴルでは、日本製の自動車がいっぱい走っています。例えば、TOYOTA、NISSAN、MAZDA、MITSUBISHIです。SHARP、CANON、TOSHIBAなど日本の電化製品も全国で広く使われています。

日本は、第二次世界大戦の後、オリンピック（1964年東京）が行われる程飛躍的に発展し、高度経済成長を遂げた優れた国です。さらに、東日本大震災では、被災者が慌てないで、一本の水を分けてお互いに助け合っている様子をテレビで見ました。強い民族である日本人を誇りに思うようになりました。

最近、モンゴルでは日本語を勉強する子供たちが増えてきて、「日本」へ留学するために頑張る学生たちも多くいます。私は子供たちに日本語を教えたいと思っています。日本語の学習人数が増えて嬉しく思います。国際交流研究所が世界へ公開した【デジタル版・日本語教材】を読んで、「早口言葉」や「回文」が面白くて気に入りました。日本語を学びながら「日本」のことについて詳しく学べるこの教材を通じて、自分の知識をほかの人々に伝えて、日本と母国の友好関係をもっと広げていきたいと思います。

違う「話し方文化」の理解を

サラ・ラティファ
（インドネシア。社会人・女・二十八歳）

私は二〇一一年七月、国際交流基金のプログラムで、一カ月、日本の大阪で生活したことがあるが、交通が便利で、道がきれいで、電車やバスが時間通りに運行し、人は規律をきちんと守って、日本は素晴らしくて、「さすが日本だ！」と思った。

私は子供のころから日本製のものを使い、日本は先進国というイメージで、全てにおいてすごいと思っていた。しかし、日本のことを知れば知るほど、よいところだけではなく、よくないところもみえてきた。

日本人は、「仕事は趣味だ」という人が多くて、働きすぎだというイメージを持たれている。私は日本人が時間を守り、仕事に対して責任を持つことに感心しているが、「二十四時間、働ける」という日本人が多いことについて、私は不思議に思っている。私を含めた海外の人からみれば、「日本人は仕事以外の人生の楽しみ方を知らないのではないか」と思ってしまう。

コツコツ仕事をしているように見えているが、実は会議や無意味な残業が多すぎて、仕事の効率が悪いのではないか、と私は時々思う。細かいことに気にしすぎる人が多くて、一歩踏み出す勇気がないために前に進めない人がいるのではないか。結局、他の国の企業に敗退する問題に繋がるのではないか、と思う。効率よく仕事をすることも大事だが、人生のバランスを考えることも必要だと思う。

それから、日本人は自分の意見をはっきり言うことはタブーという考え方があり、曖昧な表現しかしないから、日本人とビジネスの交渉するときに、困る外国人も少なくない。日本人は、「…ですが」、「それはいい（要らない）」、「…ではないでしょうか」、「それはちょっと…」と、疑問形で終わらせる表現が多い。「イェス」か「ノー」が曖昧であり、誤解を起こす一つの要因になっていると思う。海外の日本語学習者が日本企業で働こうと思うとき、このような日本の会話マナーを勉強しないといけないのはちょっと困る。

疑問形の話し方で話すインドネシア人は少ない。逆に、そのような話し方は批判されることがある。こうした「話し方」の文化ギャップがあるために、日本人とインドネシア人が一緒に仕事する時、意見の対立や誤解が起こる場合が多い。これからは、日本人も、外国人も、一緒に仕事をする機会が増えるのだから、誤解が起きないために、お互いに「話し方文化」の違いを学び、理解し合うことが大切ではないか。

【努力賞】―社会人（日本在住）

日本について「思うこと」三つ

ライ・シャラド
（ネパール。日本在住の社会人・男・三十歳）

一つは、日本は約束と時間を守る国だということである。私が日本に来て一番驚いたことだ。何事も時間が決められていて、ちゃんとその時間に物事が行われる。電車もバスも決められた時間に来る。日本で仕事をしていて、約束事があると必ずその通りに物事が進む。日本人は小学生の時に五分前に行動することを習うと聞いた時はとても驚いた。私の国であるネパールではツアーなどを組むと三十分は必ず遅れてスタートする。明日といったら、明後日になったりする。三十分後に行くと言ったら、一時間後とかになる。しかし、日本ではそんなことにはならない。私は日本人の言葉と行動には差がない、と私は感じている。

二つは、一人一人の命を大切にする国であるということだ。現在、私の母国であるネパールでは一日に五人の死体が帰国する。これは出稼で中東とマレーシアにいった人たちが過労のために亡くなってしまうからだ。だが、私たちの国ではこれが当たり前となっているため大きく報道されない。五人の人が死ぬことは日本では大きな出来事であり、とても悲しいことであると報道される。日本では人間だけではなく、様々な命を大切にしていると感じる。「いただきます」という言葉や、ペットを家族として扱っているところからもそう感じている。私は自国で命の大切さを広め、国を変えるために、自国で学校を作る活動をしている。子供たちの未来を輝くものにするために。

最後に約三十年前から若者が減り、愛国心や新たなことに挑戦するといったことが少ない国だと感じる。今まで国を作り上げてきた人たちは現状維持に徹していて、若者には負担が大きい上に、政治に関心がなさすぎると感じる。日本の若い人たちに政治のことを聞いてもあまり答えられない。これから自分たちが作っていく日本にもっと関心を持った方がいいと思う。年寄りの人も世界が変わってきたことをもっと知るべきだ。海外に行くということは日本を知るということになると思う。私自身も日本に来て初めてネパールという自分の国を知った。日本人の若者にも是非自分の国の良さを知ってもらいたい。そして、日本を好きになって愛国心を持ってもらいたいと思う。

【努力賞】――海外の高校生

「最高に憧れる国」

マタス・シュカーヌリス
（リトアニア。ヨナス・バサナビチユス高校・男・十七歳）

二年前、気まぐれで日本語を、趣味として勉強し始めて以来、日本に関するすべての事が面白い、と思います。今は、週に一回、日本人の先生に教えてもらい、よくインターネットで勉強しています。ですから、日本についてもっと詳しくになってきました。文化や料理の事から、販売機やトイレの事まで、日本の事は他の世界と違っていて、何も興味を持たないのは不可能なことです。

「日本」という国を前から知っていたのは、日本の文化や科学技術が世界に目立っていて、大きな影響を与えているからです。それに、子供の私にとって、侍と忍者がいるこの遠くの国が気に入らない訳がありませんでした。ほかに、多くの人と同じように、ゲームやアニメのような大衆文化を通じて日本を知りました。ポケモンと少年ジャンプのアニメと共に成長して、今は普通のアニメやゲームのファンになりました。それに友達は色々な漫画と音楽を教えてくれるので、もう一生分の娯楽を得られたような気がして、日本に凄く感謝しています。それだけで、もう日本は「最高に憧れる国」だと思います。

そして、最近、日本についての興味が増えました。日本料理は凄く特殊だし、科学技術は羨ましいし、桜の花の雨に囲まれている神社も、ネオンで光る狭くて物で溢れている都会の道など、その情景が大好きだ。日本は一番美しい国だと思います。

芸術には全く詳しくありませんが、絵や建築などの日本の芸術の方が西洋の物よりもっと面白く見えると思います。最近、日本の古典芸術や古典文学などを学んで、「わび」、「さび」や、自然をうたう俳句などについて少し知ってから、以前より伝統的な芸術が気に入っています。長い歴史を持つ日本の芸術がこんなにも栄えてきたから、大衆文化がこれだけ深く創造的になったのだと思います。

日本の伝統文化と大衆文化は、それぞれに魅力があります。日本に旅行出来る可能性があったら、絶対に秋葉原などに行って、ロボットの写真を撮って、ゲームセンターやカラオケや色々な商品にお金を全部使ってしまいたいと思っていました。でも今は、それに加えて日本の田舎から都会まで探検したり、どんな料理でも食べたりして、日本の新しい事をいっぱい知りたいです。

「日本のいいと思うところ」

ダニット ヴォラサラン
（タイ。アメリカン・パシフィック・インターナショナルスクール・女・十七歳）

私は、日本語を勉強して、三年になります。去年、私は家族と日本に行きました。自分の国とちがうものをたくさん見ました。たとえば、お店の人はどのようにお客さんにサービスを提供するかや、べんりなもの、そしてまちのレイアウトなど。

私が日本で店に入った時、店の人は話をしないで、みんな笑っていました。くらい顔をする人はいません。店の人は、私についてきませんでした。私はそれが大好きです。店の人が私についてくると、不安でゆっくり買い物をできません。会計の人はお客さんがものを買いまちがわないように、お客さんにかくにんします。私は日本の店の店員のサービスにかんどうしました。タイの店の店員が、日本みたいだったらいいと思いました。

日本のものはべんりです。飲み物のボトルやおかしの箱は道具を使わずに開けられます。牛乳の箱は簡単に開けられます。日本のトイレもとても便利です。色々なきのうがあります。フラッシングの音を作ったり、トイレのシートをあたためたりできます。トイレのそばには使い方のマニアルがあり、英語もありますから外国人でも分かります。

日本の町はきれいです。全てのたてものはきれいに建っています。神戸市みたいに海に近い町はあまり高い建物がありませんからきれいな海のけしきが見えます。海の風も感じられます。日本人は小さい所で小さい建物を作ってたくさんの店やカフェを入れます。すごいと思います。電線もきれいです。タイではたくさんの高いビル建てます。

コンドミニアム、ホテルやショッピングモールを作ります。市はその考えが気に入ったらその建物の建設をゆるします。バンコクには高いたてものがいっぱいあります。ほとんど空が見えないくらいいっぱいです。空気もわるいです。ビルのデザインはバンコクの町をアンバランスにします。たとえばビルは高くない小さな建物のまん中にたって、となりにはロケットみたいな建物があります。そこはとてもせまく見えます。さいきんはバンコクからたくさんの投資家がチェンマイにきました。高いビルを建てるためです。そんなことをしたらきっとチェンマイのきれいなけしきが見えなくなります。日本人は自分の町のイメージを気にするから町のデザインやレイアウトがとてもきれいです。

日本はいいところがたくさんあります。日本人は思慮深くて勤勉な労働者だからすべてのものはきれいでべんりです。日本人にそうさせるのが何かとわたしは考えました。「持って生まれた資質、才能」か、それとも「育った環境」なのか、まだ分かりません。

高い「環境保護意識」

郭 凡辰
（中国。甘泉外国語中学・女・十七歳）

ビザ条件が緩和されて以来、日本へ行く中国人の観光客が急増しています。私の多くの親戚も、日本への観光ブームの中の一員ですが、その親戚たちに、「日本に対する印象は？」と聞いたら、ほぼ全員が「日本の街はすごくきれいです。」と答えました。

昨年、冬休みに一週間、日本へ行きました。確かに。日本の街はきれいです。それは揺ぎ無い事実で、日本の街のきれいさは世界でも有名です。それに対して今の中国にとって環境問題は現代社会で最も大きな課題の一つになっています。

ゴミを持って歩いてる人がいます。周りを見たらゴミ箱がないことに気付き、その人はごみを勝手にどこかに捨てました。たとえゴミ箱があるところでもそのようなことは、中国ではよく見かける光景です。

しかし、多くの観光客が日本に行ってまず困ることは、不思議なことに、ゴミをどこに捨てればいいか分からないことです。街はとてもきれいなので勝手に捨てるのはさすがに恥ずかしいと思ってゴミ箱を探しても、日本の街にはほとんどゴミ箱がないことに気付きます。そのことを聞いた私は、たいへん興味を持ちました。なぜ、ゴミ箱がないのに、日本の街はそんなにきれいなのでしょうか。

その問題を抱えながら、私は日本人の友人に聞いてみました。「そんなこと普通だろう。」と、その友人の答えに私は愕然としました。「じゃあ、ごみはどこに捨てるの?」とその友人が答えました。「そういうのはゴミ箱じゃなくて、いつも、かばんに入れて持ち帰るよ。」とその友人が答えました。ほかの友人に聞いても、答えはだいたい同じでした。それで、日本人のそのような習慣に驚き、感心しました。

そこから見えてくるのは、日本人の環境保護意識が高いことです。そして日本人は、このような意識を持ちながら、自分の行動で環境を守り続けて来ました。私たち中国人は、まだそのような意識を持っていないからこそ、環境問題は未だに改善されないままです。

ですから、日本人のそういう意識や行動は、私たち中国人にとって学ぶべきことです。私は環境を守りたいという気持ちをより多くの人に持ってもらいたいです。そして、身近なところからゴミを減らす工夫など、たとえどんなに些細な行動でも、多くの人がやれば結果は大きく変わります。その些細な行動で、私たちの世界が変わるかもしれません。

「新しいものを作り出す」国

袁 思懿
（中国。吉林省・長春日章学園高中・女・十七歳）

国には、それぞれの独特の文化がある。その文化は、国交が正常な時には、お互いに影響を与え合う。一つの国の文化の特徴は、言葉にはっきりと表れる。特徴がある言葉遣いは独自の文化を育てる。

日本と中国は、千年以上前から貴重な文化を有し、歴史上大いに異彩を放ち、世界の文化と歴史に大きな影響を与えた。日本と中国はずっと仲が良く、文化も似ているところが多くある。近現代で交流が強まるにしたがって、日本と中国の言語にも大量の外来語が現れた。

現在、世界では中国だけでなく、日本や韓国、シンガポールなどでも漢字が使われている。また古代は朝鮮やベトナム、琉球も漢字を使っていた。これは、かなり昔から国交が盛んだったことを証明している。

中国は自分の文化を輸出すると同時に他の国の優秀な文化を取り入れてきた。このように、それぞれの国が他国に対して自国を開放し、交流する機会がなければ、中国の文化と東アジアの文化は豊かにはならなかった。中国に多大な影響を与えた国は、古代はインド、近代では日本だ。

近代の日本が中国に与えた影響は「言葉」からも知ることができる。日本の中国に対する影響は多岐にわたる。一番重要なことは中国が日本と交流したことをきっかけに欧米文化を知り始めたことだ。そして、欧米諸国と交流する過程で、日本人は中国から来た言葉を使ってすべてを表現することが難しいと感じた。そこで、日本の学者たちはそれまで使われていた漢字を利用してたくさんの新しい言葉を改めて創造した。その後、これらの言葉は中国の留学生によって、中国に取り入れられ、新しい活路を見い出した。

「不動産」「処女作」「標本」「博士」「伝染病」など、日本から来た言葉は色々あるが、これらは現在の中国人が使用する頻度の高い言葉だ。我々はこれらの言葉を通じて、言葉の後ろにある深い社会背景と日本人の知恵を知ることができた。

日本は学ぶことが上手であり、勇敢に挑戦して大胆に新しいものをつくり出す国だと思う。現在の日本の国際感覚や地位もこの特性の賜物だと思う。明治維新も、現在の外来語を取り入れることも同じだ。そういう日本を私は尊敬する。

【努力賞】―日本語学校生（海外）

行ってみたい「神様の国」

ドミニク・ゲジェレツキ
（ポーランド。ワルシャワ日本語学校・男・十九歳）

ポーランドには日本に興味を持っている人がたくさんいます。その人たちは、特にマンガやアニメ、日本の映画などのポップカルチャーに興味を持っています。

私ももちろんアニメなどが大好きです。若者はよく自分の国の文化に興味があまりなくて、外国の本や映画の世界に逃げます。私が考えついた理由は、ポーランド人は日本のような遠い国に興味があるのかもしれないということです。世界の反対側の国の文化、例えば日本のアニメなどは私たちにとって新世界だと思います。

しかし、アニメは日本の文化の一部にしかすぎません。アニメ以外にも日本文化は面白いことがたくさんあります。だから、日本への関心が、アニメへの興味だけで終わってしまっては残念だと思います。

日本人はよく私に、「どうして日本や日本語に興味があるの？」と聞きます。

「どうして日本が好きなの？」と聞かれると、私は「日本の神話が好きだから。例えば、天照大御神や「スサノオ」の話は面白いから」とよく答えます。

しかし、私がそう言うと、いつもびっくりされます。そして、日本人は「天照大御神ってどんな神様？　どこから来たの？」と私に聞くんです。日本には日本の神様について知らない人がたくさんいるそうです。日本人が自分たちの神話についてあまり知らないことにびっくりしました。

ポーランドはキリスト教の社会ですから神様は一人しかいません。しかし日本では「八百万の神」というように、たくさんの神様がいます。川や海、山にも神様がいると知ったとき、私はお〜っ！　と思って感動しました。もしかしたら、日本人は自分の出身地の神社にいる神様のことだけを知っているのかもしれません。

私には夢があります。私が一番好きな神様は「スサノオ」ですから、いつか出雲大社に行ってみたいです。だけど、やっぱり一番行きたい場所は伊勢神宮です。私が知らない神様についてももっと勉強したいです。そしていつか日本語で古事記を読んでみたいです。

日本の「好きなところ」・「嫌いな所」

ワット・ソムナン
（カンボジア。国際日本文化学園一二三日本語教室・男・十七歳）

カンボジアと比べたら、日本は凄く良い国です。日本人は真面目だし、考え方も良いし厳しいです。昨年十一月「交流会の招待」で一週間、大阪と京都へ行ったことがあります。色々な日本の料理を食べました。とても美味しかったです。今も日本料理が恋しいなと思います。

日本人は殆ど暇な人がいないです。年を取って、仕事を辞めても、貯金のお金で生活が出来て、凄く良いと思います。私の国のお年よりは子供に世話をして貰います。日本の習慣は良いと思います。毎朝会社へ行く前に、朝食をとりながら新聞を読んでいます。日本には高い建物が一杯あって、新幹線や電車などがあって、それに交通法規は凄く厳しいです。

日本でびっくりした事が三つあります。まず、「ごみ」を分けて捨てる事は凄く素敵だと思います。それに色々なごみからリサイクルされた製品が出来ます。食品用の中仕切りや文具や、自動車部品などです。特に、焼却炉で出る煙は国民の健康に有害はないようです。

二つ目は、可愛い子が一杯いた事です。その女子高生のスカートが本当に短いです。ご両親は怒らないのかなと思いました。自転車に乗っている時や、風が強い時にスカートが腰あたりまで捲れていました。

三つ目は、目が不自由な人のための点字ブロックと歩行者信号機です。信号を渡っている間、「カッコー」という音が聞こえました。「先生、あの音は何ですか」、「盲目の方にどっちが渡れるか分かるようになっているんですよ」。カンボジアはそういうものはありません。やさしい日本に住みたいなと思いました。

日本の「好きじゃないところ」は自然災害です。台風、大雨、地震、火山噴火などのニュースを見ました。台風が来たら、電気がストップする可能性があります。大雨の時には、山が崩れたり、道が川のようになったり、マンホールから水が溢れたり、地下街に水が入ってきたりします。色々な災害の危険があります。日本人は自然災害が起こった時、どんな気持ちでしょうか。私はもちろん怖いです。それでも、私のように留学したがっている人は一杯います。日本は、自然災害があっても、技術など外国に負けません。いろいろ良いことがある国だと思います。

【努力賞】——日本語学校生（日本在住）

「人を笑わせる」文化

ガロ・ペレス・アルトゥロ
（スペイン。渋谷外語学院・男・二十六歳）

「日本のいいところは何？」と聞かれたらいろいろ答えることができます。豊かな文化とか、食べ物が美味しいとか、見る価値のある場所がたくさんあるとか、だれでも、すぐに答えられると思います。でも、「具体的に一番好きなのは何？」と聞かれると「日本人のユーモア」です。

私は七年前から日本の「笑いとバラエティーの番組」を見ていて、今でもとても面白いと思います。日本に「人を笑わせる文化」があるのを知りました。見ているうちにハマってしまいました。そんなテレビ番組を見れば見るほど「日本人は、すごく面白いなぁ。日本と日本人のことをもっともっと知りたいな」と思いました。

色々な番組を見て日本語だけではなく、日本の文化やいいところも悪いところも、いろんなことが勉強になってとても嬉しく思いますこのことで、スペインと日本のテレビ番組を比べると、「笑い」については、スペインはまだまだだな、と思います。スペイン人はとても明るいし、冗談を言うのも、大げさに言うのも好きです。なのに、スペインのテレビ番組は、日本のような面白い「笑いとバラエティー」の番組が放送されません。「スペインは、何で面白いテレビ番組をやらないんだろう?」と疑問に思っています。

スペイン人は、日本人のように「わざとボケたり、突っ込まれる」ということを知らないので、スペイン人の友達と楽しく話してる時、「日本人とちょっと違うんだな」と思うことが多いです。日本は、「働き者がたくさんいる」中で、「人生を楽しんでる人が少ない」と思われています。その日本の「お笑いの文化」がいろいろあってものすごく面白いです。オープンでフレンドリー、情熱の国だと言われているスペインには、テレビのお笑い文化がないのは残念です。日本のそういう「お笑い文化」をスペインも取り入れたらいいと思います。

「お笑い」の番組を見るスペイン人は、最初は、「日本人ってやつ、変だよね」とか、「日本人は、ばかなことしかできないんだ」とか、「自分たちがやってること面白いと思ってんの?」という感想を持ちますが、慣れてきたら、とても楽しくていい文化だと思います。

スペインのテレビ番組に「お笑い」があれば、もっと面白くなって、スペイン人が日本人と同じように「わざとボケたり、突っ込まれたりしたら」、楽しくなると思います。

【努力賞】—日本語学校生（日本在住）

水道水を飲まないのは「もったいない！」

ガルダ・アルジャミウス・ショヒ
（インドネシア。東京国際交流学院・男・二十六歳）

私は、都内の公園で、日本のおじさんとこんな会話をした。

私「この水道の水、飲めますか」—日本人「大丈夫だよ」。「本当ですか。私の国、インドネシアでは飲めないから、ちょっと心配なんです」—「そうなの？　日本では安全だよ」。「おじさんも家の水道水飲みますか」—「うん、でも買ったの、よく飲むよ」「なぜですか。もったいないじゃないですか」—「確かにね。でも水というと、水道水よりやっぱり買った水の方がもっとおいしいね」。

日本は伝統的な文化と現代的な文化が手をつないで歩いているような国だと、私は思う。

だが、「もったいない」ものもたくさんある。一番気になったのは日本の水道水だ。

日本の人々は水を買わず、水道水を飲める。公園にも水があるから、便利だ。

しかし、外国人以外で、公園で水道水を飲んでいる日本人を見たことがない。不思議だ。皆は手や足を洗うだけで、飲む水は買って飲んでいるようだ。

また、ある時こんな体験もした。私はお金を持たずに自転車で散歩に行った。疲れたので、公園の水を飲もうと思った。日本人は水道水を飲まないから、公園の水を飲むのが恥ずかしくなった。のどが乾いて、我慢できないので、うがいをするふりをして、水をやっと飲んだ。ホッとした。

ところで、水道水は本当に飲めるのか？飲めるとしたら、なぜペットボトルの水が大量に売られているのか？　日本の友達の多くは、水道水よりペットボトルの方がおいしく、体に良いと答えた。インドネシアに在住の日本人によると、日本で水を買って飲む人が増えたのは、約二十年前からだという。水を売りたい会社の宣伝で、ペットボトルの水を買う購買意欲が出てきたのだ。

しかし、インドネシア人の私は、「ぜいたくだ！　もったいない！」と感じる。母国では、水道水がそのまま飲めない。そのためペットボトルの水をよく買う。一家族、三日で、約二〇リットルの水を使う。いつか、インドネシアでも水道水がそのまま飲めるようになったら、と願っている。

私は「日本は何でもあるから、便利だ」と思う。でも、水以外にも、たくさんの食べ物を捨てたり、無駄使いしているような気がする。「地球に優しくないのに、日本人はどうして平気なんだろう」と、来日して、約一年が過ぎようとしている今、つくづく考えている。

【努力賞】―海外の小学生

「すてきなぶんかをもっている国」

ボガド・クラウディア
〈パラグアイ。小学六年生〈日本パラグアイ学院〉・女・十一歳〉

わたしは、まだ日本へ行ったことがありません。日本にはゆうえんちや、きれいなこうえんがたくさんあると　インターネットのページで　読みました。わたしは、そのようなきれいなこうえんで　たくさんしゃしんを　とりたいです。そして日本は、テクノロジーなどが　とてもすすんでいます。わたしの国パラグアイは、まだ　日本みたいなテクノロジーは　すくないです。日本とパラグアイは　とてもちがいます。たとえば、日本のみちには、かんばんやイルミネーションがたくさんあります。テレビで見たとき、とてもびっくりしました。そして、もう一つびっくりしたことがあります。それは、よるおそくまで　みちに人が　たくさんいることです。

パラグアイと日本には　にていることも　あります。一つは、パラグアイの　ラパチョという木です。ラパチョは　日本のさくらに　にているという人がいます。わたしは　さくらをしゃしんで　みました。ラパチョに　にていると　おもいました。だから、日本へ行って　さくらをみてみたいと　おもっています。

そしてもう一つ、にていることが　あります。それは、人です。パラグアイ人は　みんなとても　いい人たちです。なぜなら、いつもこまっている人たちを　たすけてあげるからです。みんなで　いろいろなほうほうで　力をあわせます。そして、わたしのしっている　日本人の先生たちも　とてもやさしくて　いい人たちです。だから、わたしは、日本人もパラグアイ人も　とてもしんせつで　こまっている人を　たすけてあげる人たちだと　おもいます。

日本は　とてもすてきなぶんかを　もっている国だと　おもいます。だから、日本語のべんきょうを　はじめました。今もまい日　学校で日本語を　べんきょうしています。日本ぶんかの時間では　書どうをしています。

日本には　まだまだたくさん　わたしのしらないことが　あります。だから日本へ行って、もっとべんきょうして　パラグアイの人に　日本のいいところを　おしえたいと　おもっています。

「僕とガンダム」

キム・ジホ
（韓国。小学六年生・男・十一歳）

僕は、「ガンダム」が大好きです。

二年前、きんじょのスーパーでガンダムのプラモデル（ガンプラ）を見ました。シャープに見えてかっこいいです。あの日から僕はガンダムにハマりました。

ガンプラは、ぶひんが多くてくみたてることがむずかしいと思いましたが、くみたてやすかったです。くみたてることがわからない時は、せつめいしょを見ますが、日本語がわからないので、はやく作ることができません。そんな時は、少しイライラします。だから、日本語のべんきょうをはじめました。

一しゅう間に二回ならいに行って、毎日しゅくだいが出ます。ひらがなカタカナは　よめるようになりましたが、ガンプラのせつめいしょには　かんじが多くて、まだよめません。

僕が、ガンプラをたくさん買い過ぎるので、りょうしんは「ガンダム買うの、もうやめない？」と言いますが、僕は、やめることができません。この二年間で五十個作りました。

うれしいことに、今年かぞくでガンダムがある東京に行くことにしました。お台場にある十八

mのガンダムを見て、ガンダムフロントでたくさんのガンプラのげんていばんも見られると思うとドキドキしました。

この日から、ぼくは　東京に行くためのじゅんびをはじめました。ガンダムのじょうほうをたくさんしらべたり、りょこうのための日本語のべんきょうもはじめました。日本語の先生にはひみつですが、行きたくない日、やりたくない日もありますが、ガンダムフロントに行ってたくさんのガンダムを見れると思うとがんばることができました。

いつものようにガンダムのじょうほうをしらべていました。そしたら「ガンダムフロントがなくなる」というじょうほうがありました。「うそでしょー!!」あんなにじゅんびしていたのに。がっかりでした。

ざんねんですが、東京りょこうはなくなってしまいました。

僕といえば、ガンプラを見たり、日本語をべんきょうしたり、ガンダムのじょうほうをしらべたり、いつも通りいます。

ガンダムを知ったから、東京りょこうのけいかくもあったし、日本語のべんきょうもしているし、こうして、日本語で作文を書く機会もできました。そして、夢も持つことができました。

僕の夢は、ガンダムを作る会社「バンダイ」にしゅうしょくして、ガンダムファンたちがほしいと思うガンダムを作る事です。

二年前、ガンダムをはじめた事は、僕のせいかつに大きな変化をあたえました。

【特別賞】

「盲学生と日本語」

カンワン・スパヤーン（盲学生）
（タイ。タマラートスクサースクール・二〇歳・男）

みなさんはタイで、目のみえないひとが　むずかしいべんきょうをすると思いますか。

目のみえないひともべんきょうすることができます。

わたしはもうがくせいです。にほんごをべんきょうしています。

目のみえるがくせいは、カタカナ、ひらかな、かんじをつかいます。でもぼくたちはてんじをつかいます。きょうしつで、わたしたちはこくばんをみたり、ほんをよんだりすることができません。

それでぶんぽうやしんぼるがわかりません。あとで、せんせいやともだちにしつもんしなければなりません。

目のみえるひとと、めのみえないひとがきょうしつで、いっしょにべんきょうします。それでせんせいはぼくたちにあまりじかんがありません。

きょうしつのなかで　ぶんぽうやもんだいを、てんじでかきます。

うちへかえってかられんしゅうもんだいを、ふくしゅうします。

じかんがあったらことばをふくしゅうします。コンピューターでにほんごをきいたり、にほんごがわかるようにします。

にほんごをべんきょうしてから、はつおんがかんたんだとおもいます。

にほんのぶんかは、おちゃや、はなや、りょうりがおもしろいです。

ぼくたちのきょうしつで、にほんじんがおしえてくれます。にほんじんのせんせいは、きびしいひとや、おもしろいひとがいます。

こうこう2ねんせいのときは、たこやきや、まきずしや、おちゃをつくりました。それでこのかつどうは、とてもおもしろかったです。こうこう3ねんせいになったら、もっとわかりたいです。

ぼくがにほんごをべんきょうしたいとおもったのは、にほんのまんがにきょうみをもったからです。

いま2ねんかんべんきょうしました。三〇%ぐらいわかります。

もっとべんきょうしたいです。にほんごを一〇〇%わかるようになりたいです。

がんばります。

注・カンワン・スパヤーン君は、チェンマイ市にある仏教系高校三年生。日本語クラスの盲学生。「作文」は、カンワン・スパヤーン君がアルファベット表記の「点字タイプ」で書いた後、読んだのを、日本語ボランティア教師の小林実千子先生と横山英輔先生が聞き取って、小林先生が主に「ひらがな」で文字起こしをしたもの。「点字文」と一緒に、国際交流研究所へ郵送してくれました。担任は、ヌッジャリン・ペンマアン先生。

（巻頭頁に、カンワン・スパヤーン君とクラス、「点字文」の写真）。

あとがき

五千編を超える日本語作文を読むことの難しさと、読み終わった後の感動を同時に味わった。

「応募作文」の約三分の二（三千四百十三編）が「メールの添付」で、全体の約四分の三が「個人の応募」だった。このため、「作文」の整理や国別の集計、さらに、「問い合わせ」等に時間が掛かった。「はじめに」に書いたように、内容等の「問い合わせ」のメールを出しても返事がない場合があり、また、**プロバイダー**（@hotmailなど）によって、「問い合わせ」のメールが戻って来て、送信できない場合がかなりあり、結局、連絡が取れないまま、「審査」から除外せざるを得ない「作文」が約百編あった。

一方、「郵送」による「応募作文」は約三分の一（千七百二十八編）だった。この中には、メールアドレスが書いてないものもあり、二百数十編について、やむを得ず、「問い合わせ」を断念せざるを得なかったことだ。以上、二つのことが審査の過程で、残念だった。

審査の結果、入賞者百一人の内訳は、「**海外の大学生＝五十五人**、**留学生＝二十四人**、**海外の社会人・高校生・小学生・日本語学校生＝二十二人**」だ。「出来るだけ多くの国・地域」から「幅広いテーマについて書いた作文」を選んだ。

特に、「日本人の思いやり・心遣い・気くばり」やアニメについての作文は多く、その中から「できるだけ重複しないように」選別した。かなり優秀な作文でも、同じテーマの作文を多く選ぶことを避けたため、入賞から外した作文も少なくない。

日本の伝統的な修復技法である「金継ぎ」について書いた作文が四編あったのに感動した。オーストラリアのメリッサ・パークさん（女。ニューサウスウェールズ大学）の「『金継ぎ（きんつぎ）』の国」が「二等賞」に、ルーマニアのマリア・カメリア・ニッツァさん（女。バベシュ・ボリアル大学）の「『金継ぎ』の芸術」が「努力賞」に選ばれた。

「三等賞」になった、アメリカのジェンセン・ロー君（男。プリンストン大学）が体験した「四国・八十八ケ所巡り」の作文も興味深かった。

今回の『日本語作文コンクール』のきっかけは、二〇一六年九月に、「**デジタル版・日本語教材【『日本』という国】**」をインターネットで公開したことだったが、閲覧数も増え、世界の日本語学習者の〝すそ野〟は、確実に広がっている。

タイ、ロシア、中国の大学の先生方から、「日本語を勉強する学生の励みになった」、「次回も『日本語作文コンクール』に応募させます」というメールを頂いた。誰かの手によって、第二回の『日本語作文コンクール・世界大会』が開催されることを期待したい。

二〇一七年十月一日　　大森和夫・大森弘子

■編著者の略歴

大森 和夫（おおもり かずお）

1940年東京都生まれ。東京都・九段高校卒。早稲田大学政治経済学部政治学科卒。

朝日新聞記者（大分支局、山口支局、福岡総局、大阪・社会部、政治部、編集委員）を経て、1989年1月、国際交流研究所を開設。

大森 弘子（おおもり ひろこ）

1940年京都府生まれ。京都府・西舞鶴高校卒。京都女子大学短期大学部家政学科卒。

京都府・漁家生活改良普及員（地方公務員・3年間）。

『日本語教材【日本】』各版と、国際交流研究所のサイト『日本語教材【「日本」という国】』の編集長。

※活動

『日本語作文コンクール』の主催と、各種【日本語教材】の作成・編集・出版・寄贈。

〒136-0076　東京都江東区南砂6-7-36-709

Eメール＝yuraumi@yahoo.co.jp

URL ＝ **http://www.nihonwosiru.jp/**（国際交流研究所）

『日本』って、どんな国？

初の【日本語作文コンクール】世界大会

101人の「入賞作文」

2017年10月8日　初版第1刷発行

編著者　大森 和夫（おおもり かずお）、大森 弘子（おおもり ひろこ）

発行者　段 景子

発売所　日本僑報社

〒171-0021 東京都豊島区西池袋3-17-15

TEL03-5956-2808　FAX03-5956-2809

info@duan.jp

http://jp.duan.jp

中国研究書店 http://duan.jp

2017 Printed in Japan.　ISBN 978-4-86185-248-0　C0036

“日本嫌い”の中国の大学生を減らしたい

日本語で日本理解を！ 夫婦の「手作り・日中交流」28年

大森ご夫妻が日中友好に捧げた 28年の記録を一挙公開

日本語教材の発行・寄贈、日本語作文コンクールなど精力的な活動の詳細、また活動を支えたさまざまな出会いを豊富なカラー写真とともに明かす。中国の若者たちの生の声を日本に伝えてきた日中友好実践の書!!

編 著　大森和夫・大森弘子
定 価　1900円＋税
ISBN　978-4-86185-214-5
刊 行　2016年

戦後70年・これからの日中関係を考える

中国の大学生1万2038人の心の叫び

日中の「歴史認識」の 「壁」をなくすには？

テーマはずばり「戦後70年・これからの日中関係を考える」。国際交流研究所の大森和夫・弘子夫妻が行った大規模アンケート調査に答えた中国172大学・1万2038人の“心の叫び”を一挙収録！

編 者：大森和夫・大森弘子
定 価：1800円＋税
ISBN　978-4-86185-188-9
刊 行　2015年

大森和夫・弘子（国際交流研究所）夫妻の人気書籍

夫婦の「日中・日本語交流」
～四半世紀の全記録～

定価：1900円＋税　刊行：2013年
ISBN　978-4-86185-155-1

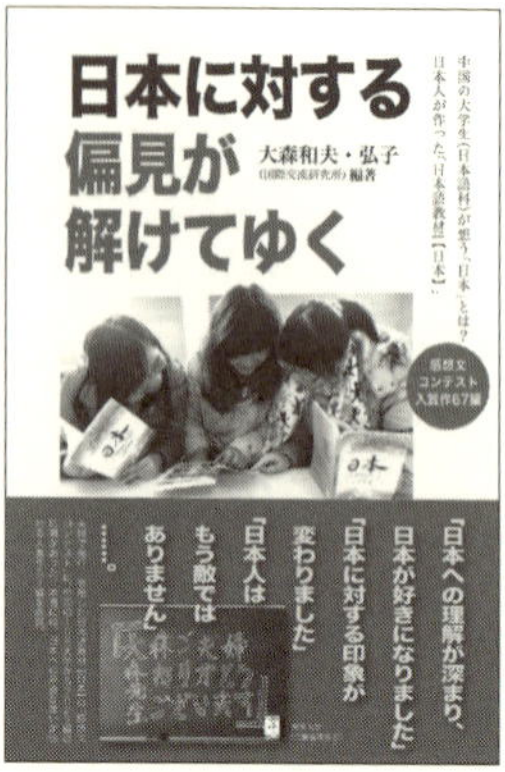

中国の大学生(日本語科)が想う「日本」とは？
教材【日本】感想文コンテスト入賞作67編
日本に対する偏見が解けてゆく

定価：1800円＋税　刊行：2014年
ISBN　978-4-86185-176-6

大森和夫・弘子夫妻に聞く！
中日交流
“二人三脚”の二十二年

定価：2600円＋税　刊行：2010年
ISBN　978-4-86185-104-9

中国の大学生が心にかける
日中の絆

定価：1800円＋税　刊行：2012年
ISBN　978-4-86185-135-3

大森和夫・弘子（国際交流研究所）夫妻の人気書籍

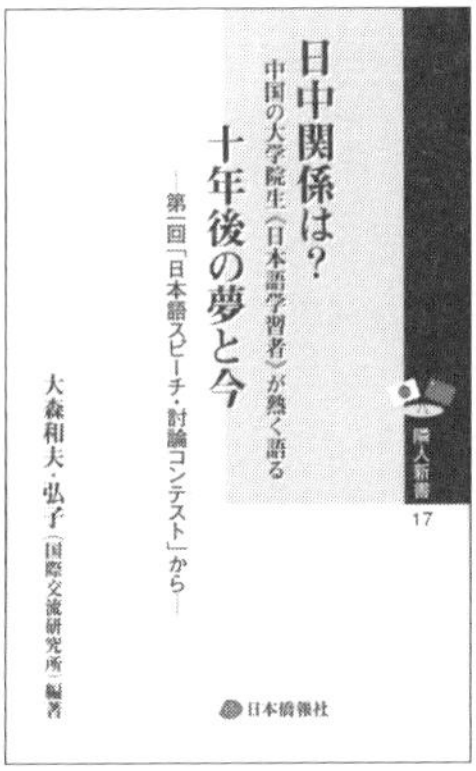

日中関係は？
中国の大学院生《日本語学習者》が
熱く語る　十年後の夢と今

定価：1400円＋税　刊行：2007年
ISBN　978-4-86185-050-9

中国の大学生の「主張と素顔」
もう 日本を恨まない
夫婦の「日本語交流」十九年間の足跡

定価：2500円＋税　刊行：2007年
ISBN　978-4-86185-064-6

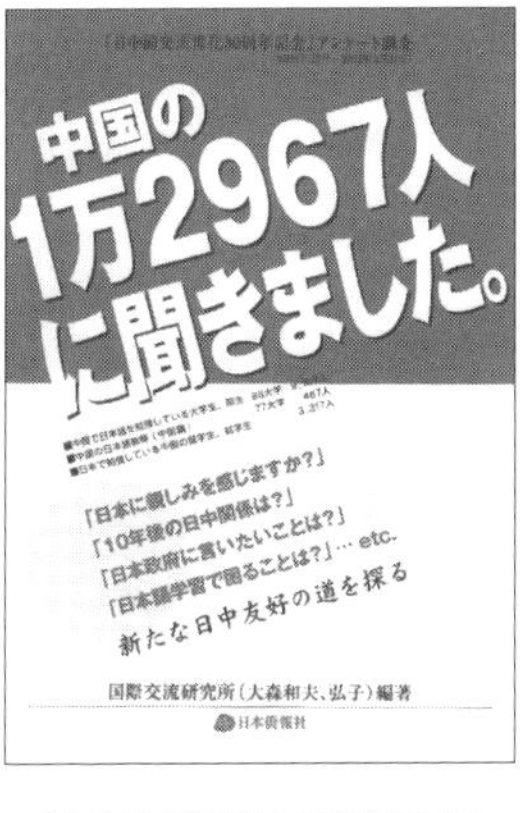

「日中国交正常化30周年記念」
アンケート調査
中国の1万2967人に聞きました。

定価：5600円＋税　刊行：2002年
ISBN　978-4-931490-38-3

中国の大学生
二万七一八七人の対日意識
六年間・三回の「アンケート」回答を分析

定価：950円＋税　刊行：2005年
ISBN　978-4-86185-017-2

教材・副教材にぴったり！おすすめ書籍

「言葉や文化」を深く学びたいなら

日中文化DNA解読
心理文化の深層構造の視点から
尚会鵬 著　谷中信一 訳
2600円＋税
ISBN 978-4-86185-225-1

中国人と日本人の違いとは何なのか？文化の根本から理解する日中の違い。

日本語と中国語の落し穴
用例で身につく「日中同字異義語100」
久佐賀義光 著　王達 監修
1900円＋税
ISBN 978-4-86185-177-3

中国語学習者だけでなく一般の方にも漢字への理解が深まり話題も豊富に。

日本の「仕事の鬼」と中国の〈酒鬼〉
漢字を介してみる日本と中国の文化
冨田昌宏 編著
1800円＋税
ISBN 978-4-86185-165-0

ビジネスで、旅行で、宴会で、中国人もあっと言わせる漢字文化の知識を集中講義！

中国漢字を読み解く
〜簡体字・ピンインもらくらく〜
前田晃 著
1800円＋税
ISBN 978-4-86185-146-9

中国語初心者にとって頭の痛い簡体字をコンパクトにまとめた画期的な「ガイドブック」。

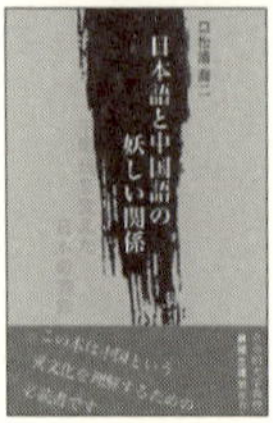

日本語と中国語の妖しい関係
〜中国語を変えた日本の英知〜
松浦喬二 著
1800円＋税
ISBN 978-4-86185-149-0

「中国語の単語のほとんどが日本製であることを知っていますか？」という問いかけがテーマ。

これからの中国と経済を知るために

SUPER CHINA
-超大国中国の未来予測-
胡鞍鋼 著　小森谷玲子 訳
2700円＋税
ISBN 978-4-9909014-0-0

2020年にはGDP倍増という急速な発展、中国は一体どのような大国になろうとしているのか。

必読！今、中国が面白い Vol.10
-中国が解る60編-
三潴正道 監訳　而立会 訳
2600円＋税
ISBN 978-4-86185-227-5

最新中国事情がわかる人気シリーズ第10弾！

中国の百年目標を実現する第13次五カ年計画
胡鞍鋼 著　小森谷玲子 訳
1800円＋税
ISBN 978-4-86185-222-0

中国「国情研究」の第一人者である有力経済学者が読む"中国の将来計画"。

中国のグリーン・ニューディール
—「持続可能な発展」を超える緑色発展」戦略とは—
胡鞍鋼 著
石垣優子・佐鳥玲子 訳
2300円＋税
ISBN 978-4-86185-134-6

経済危機からの脱出をめざす中国的実践とは？

日本人論説委員が見つめ続けた
激動中国
中国人記者には書けない「14億人への提言」
加藤直人 著〈日中対訳版〉
1900円＋税
ISBN 978-4-86185-234-3

中国特派員として活躍した著者が現地から発信、政治から社会問題まで鋭く迫る！

若者が考える「日中の未来」シリーズ

若者が考える「日中の未来」Vol.3
日中外交関係の改善における環境協力の役割
宮本雄二（元中国大使）監修
日本日中関係学会 編
3000円＋税
ISBN 978-4-86185-236-7

Vol.2 **日中経済交流の次世代構想**
2800円＋税
Vol.1 **日中間の多面的な相互理解を求めて** 2500円＋税

対中外交の蹉跌
- 上海と日本人外交官 -
片山和之 著
3600円＋税
ISBN 978-4-86185-241-1

現役上海総領事による、上海の日本人外交官の軌跡。近代日本の事例に学び、今後の日中関係を考える。

華人学術賞受賞作品

中国東南地域の民俗誌的研究
―漢族の葬儀・死後祭祀と墓地―
何彬 著
9800円＋税
ISBN 978-4-86185-157-5

華人学術賞の原稿を募集中です！

日中翻訳学院「武吉塾」の授業を凝縮！

日中中日翻訳必携・実戦編II
―脱・翻訳調を目指す訳文のコツ―
武吉次朗 著
1800円＋税
ISBN 978-4-86185-211-4

「実戦編」の第二弾！全36回の課題と訳例・講評で学ぶ。

日中中日 翻訳必携・実戦編
―よりよい訳文のテクニック―
武吉次朗 著
1800円＋税
ISBN 978-4-86185-160-5

実戦的な翻訳のエッセンスを課題と訳例・講評で学ぶ。

日中中日 翻訳必携
―翻訳の達人が軽妙に明かすノウハウ―
武吉次朗 著
1800円＋税
ISBN 978-4-86185-055-4

古川 裕（中国語教育学会会長・大阪大学教授）推薦のロングセラー。

近代中国の代表的な漫画家・散文家・翻訳家、豊子愷《ほうしがい》の児童文学全集 全7巻

【海老名香葉子さん 推薦の言葉】中国児童文学界を代表する豊子愷先生の児童文学全集がこの度、日本で出版されることは誠に喜ばしいことだと思います。溢れでる博愛は子供たちの感性を豊かに育て、やがては平和につながっていくことでしょう。

豊子愷 著
各1500円＋税

ISBN：978-4-86185-190-2　978-4-86185-193-3　978-4-86185-195-7　978-4-86185-192-6　978-4-86185-194-0　978-4-86185-232-9　978-4-86185-191-9

中国若者たちの「生の声」 中国人の日本語作文コンクール 受賞作品集

第12回 **訪日中国人「爆買い」以外にできること**
2000円+税 ISBN 978-4-86185-229-9

第11回 **なんでそうなるの？**
2000円+税 ISBN 978-4-86185-208-4

第10回 **「御宅《オタク》」と呼ばれても**
2000円+税 ISBN 978-4-86185-182-7

第9回 **中国人の心を動かした「日本力」**
2000円+税 ISBN 978-4-86185-163-6

第8回 **中国人がいつも大声で喋るのはなんでなのか？**
2000円+税 ISBN 978-4-86185-140-7

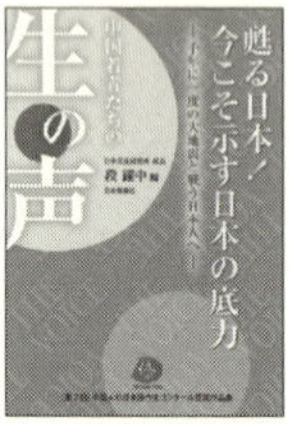

第7回 **甦る日本！今こそ示す日本の底力**
2000円+税 ISBN 978-4-86185-122-3

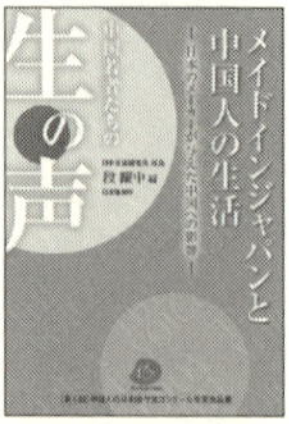

第6回 **メイドインジャパンと中国人の生活**
2000円+税 ISBN 978-4-86185-107-0

第5回 **中国への日本人の貢献**
1900円+税 ISBN 978-4-86185-092-9

第4回 **私の知っている日本人**
1800円+税 ISBN 978-4-86185-083-7

第3回 **国という枠を越えて**
1800円+税 ISBN 978-4-86185-066-0

第2回 **壁を取り除きたい**
1800円+税 ISBN 978-4-86185-047-9

第1回 **日中友好への提言2005**
2000円+税 ISBN 978-4-86185-023-3

日本語作文コンクール主催 **日中交流研究所** http://duan.jp/jp/index.htm